アダム徳永

スローセックス実践入門

真実の愛を育むために

講談社+α《プラスアルファ》新書

まえがき

本書を手にされたあなたは、自分自身がセックスを楽しむためにも、自分のセックスパートナーを悦《よろこ》ばせるためにも、セックスのテクニックをちゃんと学びたいという、セックスに対してマジメな男性でしょう。あなたの選択は間違っていません。私が提唱《ていしょう》するスローセックスを、きちんと学び、マスターし、正しく実践することができれば、バラ色の未来をお約束します。

さて、何事もそうですが、何かを学ぶ時には、現在の自分のレベルを知ることが大切です。あなたのセックスレベルはどの程度だと思いますか？　ペニスの大きさなら銭湯などで他人と見比べることができますが、セックスのテクニックとなると、なかなか自分で判断するのは難しいですよね。

では、私が教えてあげましょう。

あなたのセックスは、せいぜい幼稚園レベルです。

気を悪くされたら申し訳ありません。お許しください。けれども、現実をちゃんと受け止めていただくのが、今からあなたのセックスの先生になった私の最初の仕事なのです。気を取り直してお聞きください。あなたに限らず、世の中の男性が、セックスだと思い込んでいる行為は、生殖本能に毛が生えた程度の、単なる射精行動にすぎないのです。

私は、仕事柄、数多くの女性たちと接する機会があります。その彼女たちに、セックスに対するアンケートをとると、七割強が、「セックスに不満がある」と答えます。では、残りの三割弱の女性が満足しているかといえば、はっきりとイエスと答えられるのはせいぜい一割程度。この一割の女性にしても、さらに詳しくセックスの現状を尋《たず》ねてみると、必ずしも常に満足のいくセックスをしているわけではなく、気持ちよかったり、いま一つだったりと、満足度に非常にバラツキがあることがわかります。

このデータが、世の中のほとんどの男性のテクニックが幼稚園レベルであると判定する客観的な根拠です。

そしてもう一つ。今、我々は、ネットや雑誌などのメディアを通じて、セックスに関する様々な情報と触れ合うことができるようになりました。しかし、そのほとんどが、男性の性欲と好奇心に訴えかけることだけが目的の、誤解と嘘《うそ》と妄想によって作られた、間違いだらけの偽装情報であるということです。簡単にいえば、正しいセックスを教えてくれる教材が、今の今まで世の中に存在していなかったということです。

　男性は誰もが、女性をギャーギャー、ヒーヒーと絶叫させたいと思っています。だから、セックスのテクニックが紹介されている記事に男性は興味を持ちますし、そこに書かれているテクニックを女性に試してみます。では、あなたは今までに学んだテクニックで、女性を絶叫させたことがありますか？　一度や二度ではダメです。世の中には、ビックリするくらい感じやすくてイキやすい女性が時々いらっしゃいますから。ほぼ毎回に近い頻度で、女性を絶叫させられる、テクニックやノウハウをお持ちかどうかを尋ねているのです。「ハイ」と答えられる男性は、非常に少ないと思います。

　一方で女性は、その九九％以上が、絶叫するポテンシャルを持っています。私自身が、一〇〇〇人を超える女性体験で得られた数値ですから間違いありません。しかし、その女性たちは、本来のセックスパートナーである彼氏や旦那様が相手では、絶叫どころか、満足にオーガズムも得られていないことがとても多いのです。

　私は自慢話をしているのではありません。それに私は、超人でもスーパーマンでもありません。正しい知識と、正しいテクニックを身につければ、誰もが私と同じように、女性を絶叫させることができるのです。

　今まであなたが、正しいとか、常識だと信じていたことの、ほとんどが間違いだったために、女性を思い通りにイカせることができなかっただけです。

さぁ、話に入る前に、今までに覚えた知識や、身についてしまった自己流のテクニックなどを、すべてを一度リセットしてください。いかに、今までのセックスが間違いだらけであったか、驚かれることでしょう。

二〇〇六年一〇月

アダム徳永《とくなが》

◉目次

第二章　男と女の違い

第三章　スローセックスのすすめ

第四章　アダムセックス理論とは

第一章　現代人が知らない〝本当のセックス〟

目先の快楽に走る男の〝罪と罰〟

女性の裸が見たい。女性のカラダに触りたい。ペニスをしゃぶってもらいたい。挿入したい。射精したい。できればイカせてみたい。

以上が、男性の一般的なセックスのモチベーションです。何かお気づきになりませんか？そのどれもが、目先の快楽だということです。特に、射精に対する男性の執着は、半端ではありません。射精するためにセックスをしているのが、現代人のセックスなのです。

当たり前じゃないかと思われるかもしれませんが、射精という一瞬の快楽に走ってしまう短絡的で即物的な衝動が、セックスそのものをつまらない行為に貶《おとし》めているのです。

セックスを覚えたての若いカップルならば、好きな相手と裸で抱き合っているだけで幸せでしょう。一〇代のカップルならば、男性が、自分の欲望の赴くままに、エネルギッシュに腰を振りたて、射精に突き進んだとしても、女性は寛容な心で受け止めてくれます。けれども、二〇代、三〇代、四〇代と経験を積んでいく中で、セックスも年齢と共にステップアップしていかなければなりません。

性欲と異性への好奇心が肥大化して先走った初級編から、試行錯誤の中でテクニックやノウハウを身につけ、自分の指や舌やペニスで女性をイカせることにチャレンジする中級編へ、そしてさらにテクニックに磨きをかけ、女性が官能する姿を愛しいと感じ、女性を悦《よろこ》ばせることこそセックスの一番の楽しみであることに気づく上級編へと徐々にステップアップしていかなければなりません。それが、男性が恋愛やセックスを通じて、大人の階段をのぼり、成熟した大人の男性になるということです。

しかし、最近の男性はいくつになっても、射精へのこだわりが捨て切れないでいます。ここ数年、成人式で暴れる二〇歳の男子が風物詩のようになっていますが、セックスにおいても幼稚化が進行しているとすれば、実に嘆かわしいことです。

楽しむのがセックスです。それはつまり、愛撫に重点を置いたセックスです。愛撫もそこそこに〝挿入↓射精〟という慌しいセックスでは、女性の全身にちりばめられた無数の性感帯の潜在能力を引き出すことはとうてい不可能なのです。愛する女性をセックスでイカせられないことは男性の罪です。そして男性は罪の代償として、自分が愛する女性の本当の美しさを、決して見ることができないという、大きな罰を与えられるのです。

キーワードは〝時間〟

生殖行為でしかない現代人のセックスの特徴は、とにかくセックスにかける時間が短いということです。私が運営するセックススクールａｄａｍの男性受講生にアンケートをとったところ、前戯にかける時間が一五分、挿入から射精に要する時間に至っては、わずか五分という結果が出てきました。前戯と挿入を合わせても、たった二〇分足らずというのがセックスの平均時間なのです。数多くの女性からの意見（ほとんどは不満ですが）を総合しても、「前戯一五分、挿入五分」というのは、現代人の平均的セックス所要時間と考えてよさそうです。子作りのための受精だけが目的なら、それについて私がとやかくいうこともありませんが、実際のセックスの現場は、子どもができないように気をつけながらしているケースがほとんどです。とすれば、アベレージ二〇分というのは、生殖行為というより、単に男性の射精行動なのです。男性の射精行動に女性が付き合う（付き合わされている）行為を、一般の人々は、セックスと呼んでいるのです。

〝早漏・ワンパターン・前戯が短い〟。これが女性のセックス三大不満ですが、所要時間約二〇分のセックスは、見事にそれら三つの条件を満たしてしまっているのです。

とかく男性は、セックスの話になると〝テクニック〟に関心を示します。一方で女性は、〝愛〟が最大の関心事になりがちです。両者とも時間のことを見落としているのです。「テクニックをマスターすれば女性を満足させられる」「愛があれば気持ちよくなれる」というのは、どちらも正しくありません。テクニックも愛も、気持ちいいセックスをするための一要素でしかないのです。何事もそうであるように、セックスも総合力です。テクニックを最大限に発揮するためにも、愛情をたっぷりと感じるためにも、最低限必要な時間というのがあるのです。そして、その最低限は、「二〇分ではありませんよ」ということです。

私が、わざわざスローセックスという造語を使用して、現代人のセックスの現状に警鐘を鳴らすのは、今の間違った時間感覚を修正してほしいからに他なりません。

スローセックスとは、単に長い時間セックスをしましょうといった単純な話ではありませんが、二〇分が三〇分に、三〇分が一時間にと、セックスの所要時間が延長されれば、ただそれだけでも、今起きている、そしてあなたが抱えている様々な問題のいくつかは解消されるでしょう。大胆にいえば、ちゃんと時間をかけて女性のカラダを愛撫する気持ちがあれば、テクニックなどなくとも女性を悦ばすことが可能であるということです。キーワードは〝時間〟です。

蔓延《まんえん》するジャンクセックス

男性本位の、射精だけを目的とした、平均二〇分足らずのセックス。このジャンクセックスとでも呼ぶべきお粗末なセックスが、悲しいかな今、日本中に蔓延しています。

こんな現状では、女性側から「一度もイッたことがない」「彼のことは好きだけどセックスは気持ちよくない」といった、不満の声が数多く出てくるのも当然です。不満の声が出ているうちはまだましなほうで、現実はもっと深刻です。「セックスが億劫《おっくう》」「できればセックスしたくない」「セックスが嫌い」と、本来は人間を幸せに導くはずの尊《とうと》くてすばらしいはずのセックスから、女性たちの心はどんどん離れていっているのです。男性本位のセックスが生み出す悩みやストレス、そして苦痛から逃れるための防衛本能によって、自身の性欲をネガティブに考えたり、嫌悪したり、場合によっては性欲を放棄しようとする女性まで出てきています。その結果がセックスレス問題であり、韓流ドラマやセカチューのヒットなどに代表される、純愛ブームとして顕在《けんざい》化しているのです。

現代人のセックスがジャンク化したのには、二つ大きな原因があります。一つは、成熟した大人になりきれない男性の「早く入れたい」「早く射精したい」という稚拙《ちせつ》な本能。もう一つは、女性の社会進出が進んだことで、時間に追われる女性が増えたこと。皮肉にも、早くイキたい男性と、早くセックスが終わってほしい女性の、不幸な意見の一致が、セックスのジャンク化を加速させたのです。

もちろん、根源的な問題は、射精至上主義の男性本位で稚拙なセックスです。セックスが気持ちいい行為であれば、女性が「早く終わってほしい」と思いませんからね。

不幸な意見の一致は、さらなる不幸の始まりでした。射精という拙速《せっそく》な快感を求める男性に引きずられるように、女性もまた、短絡的なオーガズムを求めるようになったのです。女性がセックスで「イキたい」と思うのは、当然のことです。けれども、前戯と挿入を合わせてわずか二〇分のセックスで、女性が満足のいく快感を味わえるはずもありません。ジャンクセックスは、〝セックスを楽しむ〟〝愛情を深め合う〟〝生きている喜びを実感する〟といった、本来あるべき姿からますます遠ざかり、即物的で、短絡的で、人間のワガママなエゴだけが剝《む》き出しとなる行為に成り下がっていきました。

しかしながら、どんなにセックスがつまらない行為に成り下がろうと、どんなにセックスの価値が下落しようとも、男性にはまだ射精という快感があります。これが、男性にボタンの掛け違いを気づかせない最大の原因です。セックスのジャンク化が、進行すればするほど、〝少し気持ちいい男性〟と、〝少しも気持ちよくない女性〟の、セックス格差は広がっていくのです。

男性の自己中心的な射精の回数と、女性の不満や悲劇の回数が比例していることを、男性は知らなければなりません。

私は自分が男性ということもあり、これまでずっと、セックスをつまらないものにした責任は男性側にあると思ってきました。女性の性を置き去りにする男性と、「セックスでイケない」と不満を訴える女性は、あまりにもわかりやすい加害者と被害者の関係です。しかしながら、色々な女性と話をするうちに、少し考え方が変わってきました。ジャンクセックスが一般化してしまった今、女性までもがジャンクセックスの時間感覚に慣れ親しんでしまっているという現実が徐々に浮き彫りになってきたのです。カラダのメカニズムとして、本当に気持ちよくなるためには、男性の何倍も時間が必要な女性が、「早く入れてほしい」とか、「早くイキたい」といった拙速な快感を求める現実がまさにそれです。被害者であるはずの女性が今、セックスのジャンク化に拍車をかける共犯者でもあるという不幸な二律背反《にりつはいはん》に、私は激しい危機感を覚えています。

女性を〝性欲処理の道具〟と勘違いする男たち

男性が自身の射精の快楽だけを追求するジャンクセックスは、女性に多大なストレスを与えます。「イケない」「感じない」といった一次的な不満はもちろん、他人と自分の性を比べる機会が極めて少ない女性たちは、セックスで気持ちよくなれないことを、「私のカラダは変なんじゃないか」「不感症なのではないか」とひとり悶々《もんもん》と悩み、不安にかきたてられることで、二次的な精神的ストレスへと発展していくのです。男性の乱暴な愛撫で肉体的な苦痛を与えられた場合は、さらに事態が深刻になることはいうまでもありません。

それでも慎《つつ》ましやかさを美徳とする大和撫子《やまとなでしこ》たる女性は、自分の悩みや不安を、男性に訴えることができません。セックスや自分のカラダに関する悩みを男性に告白することは、とても勇気の必要なことだからです。そんな女性たちの本音も知らずに、彼女や奥さんが、あなたに直接不満を口にしないという表面的な部分だけを見て、「自分のセックスは大丈夫」と高を括《くく》っている男性がどれほど多いことか。

セックスが始まるとすぐにフェラチオを要求したり、ほとんど愛撫らしい愛撫もなくペニスを挿入する男性たちの多さには、呆《あき》れるばかりです。このような男性は、自分の愛する女性を性欲処理の道具としか見ていないといわれても仕方ないでしょう。悲しいことですが、日本人の男性は、多かれ少なかれ、彼女や奥さんは、自分の所有物であり、だから好きなように扱っても構わないという、傲慢《ごうまん》さを持っているのです。思い当たるフシはありませんか？　「自分はそんなことはない。女性に対して優しくしている」という男性もいるでしょう。けれども、セックスで女性を満足させていなければ、前述したような呆れる男性たちと、根本的には同類なのです。女性をオナニーの道具にしている自覚症状がない分、性質《たち》が悪いかもしれません。

私が、かくも厳しくいう理由は、何も、セックスの不満を訴える女性たちをかばっているからだけではありません。射精を目的とした自分本位のセックスは、男性にとってもとても不幸なことだからです。

正しい技術と知識を持たないほとんどの男性が気づいていませんが、セックスには、射精よりもっと楽しいことがあるのです。

それは、女性を自分の手で感じさせ、深い官能に導き、狂おしいまでに裸体をくねらせエロティックな世界に身を委ねる美しい女性の姿を目の前で見ることです。この世のものとは思えないような女性の官能美を、一度でも目の当たりにすれば、すべての男性は、射精のことなど忘れて、もっと感じさせようと、女性の愛撫に夢中になってしまいます。これこそ、成熟した男性の真の本能です。

もしもあなたが、はじめてオナニーで射精した時から脈々と続く、射精へのこだわりを今も持ち続けているとしたら、一般男性のほとんどがそうですが、それは女性が本当に官能している姿を一度も見たことがない逆説的な証明であり、それはすなわち、正しいセックスの知識と技術を持っていないことの証拠なのです。一切の反論は受け付けません。けれども私は、これ以上あなたを責めることもしません。なぜなら、これまで本当に正しいセックスのやり方を教えてくれる人がいなかったからです。

しかし、今日からは違います。私が、あなたに本当のセックスをお教えします。

セックスを甘く見てはいけない

野球をするためには、バットやグローブが必要ですし、試合をしようと思ったら、それなりに練習を積まなければなりません。ゴルフをするためにはクラブを買わなければいけませんし、ゴルフコースに行けば、それなりのプレイ料金が必要です。また、その前に打ちっ放しの練習場でゴルフボールを数え切れないぐらいに打って練習しなければなりません。このように、スポーツでも趣味でも、何かをして楽しもうと思えば、時間やお金が必要ですし、上達するためには、努力や工夫をしなければなりません。何かを本当に楽しむためには、一定レベル以上の知識や技術の習得が不可欠なのです。

　これはセックスも同じことです。けれども、セックスは、男性と女性の二人さえいれば誰でもできます。ろくな知識や技術や経験がなくても、ペニスを膣《ちつ》に挿入してピストン運動をして射精する、という行為だけなら、誰でも簡単にできてしまいます。そのことが、男性を勘違いさせてしまうのです。セックスは〝秘め事〟といわれるように、極めて閉じられた世界です。他の誰かと比べることもできませんし、スポーツのように仲間やコーチがいるわけではありませんから、どんなに下手くそでも、「オイ、もっと練習しなきゃうまくなんないぞ」と叱《しか》ってくれる人もいません。

　平たくいえば、男性も女性も、セックスを甘く見ているのです。本当は正しい知識を学び、トレーニングを積まなければいけないのに、それを疎《おろそ》かにしているから、男性は「女性を思うようにイカせられない」し、女性からは不満の声が噴出するのです。

世の中のほとんどの男性は、ろくにキャッチボールもできないのに野球の試合に臨《のぞ》んでいるようなものです。そんな状態で試合をしたら、惨憺《さんたん》たる結果が待っていることは誰でも予測できます。けれども、なぜかセックスになると、惨憺たる結果が出た後になっても、その理由に気がつかないのです。惨憺たる結果すら認識できない男性さえいます。「ちょっと今日は調子が悪かったな」とか、「女の感度が悪いからイマイチだった」とか、知識も技術も足りない自分を棚に上げて、女性に責任を擦《なす》りつけます。「女性の反応がいま一つ」というアクシデントに対応できないのは、ただ基礎ができていないからだけなのです。

「経験を積めばなんとかなる」というのも正しくありません。ちゃんとした知識や技術という基礎が根底にあってはじめて、経験は経験としてカウントされるのです。セックスパートナーをコロコロと替えて、たまたま感じやすい女性に巡り合うと、すっかりテクニシャン気取りになり、性感が未成熟な女性には「おまえは感度が悪い」と相手を罵《ののし》る。こんな行き当たりばったりの繰り返しを経験と呼ぶとすれば、それこそセックスを甘く見ているからに他なりません。

稚拙なセックスは愛を崩壊させる

愛が先かセックスが先か？　これは女性誌などでたびたび取り上げられるテーマですが、

各論に終始するだけの堂々巡りの論議にはいつも辟易《へきえき》させられます。大体において、この論議は、「男性は愛がなくてもセックスができる生き物」という男性の性欲に対する糾弾《きゅうだん》が入口になります。その後、「愛のあるセックスは気持ちいい」というタテマエ論が延々と展開されていきます。「好きになってもすぐにセックスさせてはいけない」といった乙女チックな心得が語られ、男性におあずけを食わせるのかと思えば、狙《ねら》った男性をその気にさせるには、合コンの時などに「さりげなく膝《ひざ》にタッチしましょう」といった即物的な〝落とし〟のテクニックが伝授されたりと、中身は支離滅裂《しりめつれつ》です。そして最後は、「大人の女性としての自覚を持って行動しましょう」と、最近流行の〝自己責任論〟にゲタを預けて幕を閉じるのです。こんな特集記事が、責任ある大人の編集者が作ったかと思うと愕然《がくぜん》とします。

男性にとって、女性はなかなか理解するのが難しい生き物です。その逆も同じ。しかし、その事実をもって、愛とセックスの関連性を、それこそいい大人が、一〇代の討論番組のように、エキセントリックに論じること自体恥ずかしいことです。

愛が先かセックスが先か？　という幼稚で無益な論議に私が終止符を打ちましょう。どちらが先でもいいんです。それこそケースバイケースです。倫理的には色々と意見があるでしょうが、〝愛のあるセックス〟だろうと、〝愛のないセックス〟だろうと、それを選択するのは個人の自由です。どちらも寛容に認められてしかるべきです。問題にされるべきは、愛の有無ではなく、セックスの中身です。そのセックスが気持ちいいかどうかが重要なのです。ここが肝心です。わかりやすくするために、セックスの種類を単純に四つにわけます。

①気持ちいい愛のあるセックス
②気持ちよくない愛のあるセックス
③気持ちいい愛のないセックス
④気持ちよくない愛のないセックス

①は問題ありません。これは誰にもわかります。では、③はどうでしょうか。「今日はじめて知り合った異性と意気投合してセックスした。気持ちよかった」。何か問題がありますか？　ありませんよね。問題なのは、②と④です。④は大人として行動した結果ですから、まだ納得できますが、やっかいなのが②です。「愛し合っている異性とセックスした。気持ちよくなかった」。この事態に遭遇《そうぐう》した時、一般の男女は、「愛が足りないのではないか」「本当に彼は私のことを愛してくれているのか？」と、気持ちよくなれない理由を、〝愛〟に探そうとするのです。

ここに、重大な間違いがあるのです。〝愛〟は大切です。けれども〝愛〟を過信してはいけないのです。どんなに愛し合っていても、性に関する知識や、セックスのテクニックが不十分であれば、セックスは気持ちよくないのです。この当たり前の原因と結果に目をつむり、愛に原因を探す無知なる無謀が、心の負荷を大きくし、二人の距離を広げ、セックスをする前には、確かに存在していた〝愛〟さえも、次第に蝕《むしば》んでいくのです。

稚拙なセックスが恋愛もダメにするのです。

もしも不幸にも、セックスが精神的にも肉体的にも苦痛を伴う場合、若いカップルなら別れればリセットできるのですが、夫婦だと悲劇です。つまらないセックスの反復で、セックスが義務化してしまい、さらに味気ない行為に成り下がっていきます。本当なら夫婦に快楽と潤《うるお》いを与えてくれるセックスが、ストレスの原因となり、挙げ句にセックスレスに陥った夫婦を私は嫌というほど見てきました。女性としての悦びを回復しようと、出会い系などでパートナー探しをする女性が増えるのも無理からぬ話かもしれません。出会い系で知り合ったパートナーに求めるのは、気持ちいいセックスの追求ですから、奇しくも理想的な性コミュニケーションが成立するのです。私は、これも不倫カップルが増加する理由だと考えています。なぜ、これが愛し合ったカップルで成立しないのか。とても皮肉な話です。

もちろん、最初からセックスが上手という人はいません。愛し合う男女が、次第に愛情を深め合い、熟成させていくのと同じように、セックスもまた、二人で育てていくものです。

最初は、セックスのテクニックが未熟で、女性に思うように快感を与えてあげられなくとも、相手をいたわる気持ちや、思いやる気持ちがあれば、愛撫するポイントや愛撫の強弱などを徐々に軌道修正していくことができるはずです。本書のような指南本を読まなくても、ある程度のテクニックやノウハウは自然と身につけられていくものです。けれども、現在は、セックス初期段階の、戸惑いや悩みを乗り越えられないカップルが急増しています。私には、恋人や夫婦といった人間関係なら当然存在しているはずの、いたわりや思いやりの感情が欠落している人が増えているように思えてなりません。性の知識が乏しいとか愛撫テクニックが不足している以前に、現代人の男女は、大人になりきれていないのです。

翻《ひるがえ》って、私の提唱するスローセックスは、正しく実践すれば、誰もが気持ちよくなれるセックスです。愛という目に見えないものを、心の目で見ようとするような、高尚《こうしょう》であやふやな方法論ではなく、快感という具体的な幸福を、脳とカラダで実感することで、誰もが人間らしい豊かな感情を瑞々しく再生させることができるのです。

気持ちいいセックスを通じて、女性のカラダの仕組みの違い、感じ方の違い、感じる場所の違い、そして考え方や感性の違いを発見してください。それが出会った時よりも深く女性を理解することにつながり、彼女や奥さんに対する温かい気持ちが自然と湧き上がってくるエネルギーとなるのです。

ひたすら、挿入と射精に暴走してきたこれまでのセックスでは、見えなかった真実が、必ず見えてくるはずです。

女性のカラダを攻略するための戦略とは

乳首を吸って、クリトリスを弄《いじ》って、少し濡れたかなと思ったら挿入して、自分勝手に腰を振って発射して終わり。これが、今、一般的にセックスだと思われている行為の中身であり、ジャンクセックスの正体です。なんとつまらないセックスでしょうか！　女性の中には殊勝《しゅしょう》にも、「私のカレは、違うよ。だって、ちゃんとクリトリスでイカせてくれた後に、挿入してくれるもん」と、ジャンク派の男性を擁護《ようご》する方もいらっしゃいますが、イカせてくれただけで、〝優しい彼〟という評価につながってしまうほどに、非常識が常識としてまかり通っているということです。

日本人の女性にアンケートをとると、八割以上が、〝クリトリス派〟と答えます。このあまりにも高い数字は、さらには、セックスで本当の快感を与えてもらえない女性たちが、悶々《もんもん》と自分の指で自分を慰めている逆説的な証明です。クリトリス派が八割以上という実態は、日本男児にとって不名誉なことと、恥じるべきでしょう。

クリトリスがもっとも高感度な性感帯の一つであることは皆さんご存知の通りです。それゆえに、ほとんどの男性が、セックスが始まるとすぐにクリトリスを愛撫したがるのですが、これが大間違いです。すぐに触りたい、舐《な》めたいと思うあまり、そこには女性のカラダを攻略するために不可欠な〝戦略〟がありません。

私の場合、クリトリスを愛撫するのは、セックスが始まってから最低でも三〇分以上後です。全身の性感帯を隅々まで愛撫し、その総仕上げとして、最後の最後にクリトリスを愛撫するのです。すると、女性はどういう反応を示すと思いますか？　普段、セックスが始まって、下手をすると、一～二分後にはもう触られているという愛撫しか経験のない女性たちは、「私、クリトリスがこんなに気持ちいいって知らなかった！」と、その強烈な快感に感激するのです。「愛撫するのやめる？」と意地悪に聞くと、顔をはげしく横にふって愛撫され続けることを懇願《こんがん》するのです。女性の性感メカニズムの詳細は後述しますが、クリトリス以外の性感帯を十分に愛撫される前と後では、同じクリトリスでも、その感度は数十倍、数百倍も違うのです。

クリトリスは全身の性感帯の感度を全開にした後に触れたときに、はじめてそのポテンシャルを最大限にまで引き出すことを可能とします。快感の上限を引き上げることによって、同じ〝イク〟でも、いつもとはレベルの違うオーガズムを女性に与えることができるのです。この戦略が、その後の挿入にも甚大な影響を及ぼすことはいうまでもありません。

「膣で一度もイッたことがない」など、自分の膣はあまり感度がよくないと思い込んでいる女性が数多くいます。そういう女性たちにとっての、挿入の意識は、男性が射精するまでの時間、「膣を貸してあげている」という感覚です。なんとも嘆かわしい話ですが、これが現状です。

〝乳首→クリトリス→挿入〟という非常識なセックスが、本当は、セックスの一番の醍醐味《だいごみ》である挿入という楽しみを女性たちから奪っているのです。それは、男性にとっても不幸なことなのです。

AVはセックスの教科書ではない

アダルトビデオ（以下ＡＶ）は、なぜ存在しているのか？　業界からの攻撃を恐れずにいえば、ＡＶ制作会社の金儲けのためです。ＡＶ制作会社にとってのいいＡＶとは何か？　それはよく売れるＡＶです。この資本主義経済の基本原則を見落としてはいけません。男性ユーザーの要求に応えるというタテマエの下、利益を上げんがために男性の性的興奮度を高める映像を作り出すかというのがＡＶなのです。

男性が気持ちよくマスターベーションするためのエンターテインメントセックスと、リアルセックスを混同してはいけません。ＡＶはセックスの教科書ではないのです。

私は、個人的に何人かのAV女優と面識があります。彼女たちから撮影現場での話を聞けば聞くほど、AV女優という仕事の過酷さに愕然とします。しかしながら、一般男性の多くは、AVが〝AV女優たちが文字通りカラダを張った名演技と、巧みな編集によって造られた、偽りの世界である〟ことに気づいていません。自分もAVと同じことを試してみたいという衝動を抑えきれなくなった時、一般男性は、AV男優のテクニックを、あたかもお手本のごとくマネしようとします。これは極めて愚かなことです。

現在はハードプレイ全盛で、レイプ作品でなくとも、荒々しい愛撫や激しい腰使いが〝見せ場〟を盛り上げます。男性ユーザーの視覚効果に訴えるためのAV的愛撫が、〝一般の女性も激しい愛撫ほど感じる〟という大きな誤解を、男性に知らず知らずのうちに刷り込ませていくのです。正しい愛撫テクニックの詳細は後述しますが、女性の性感帯に本当にマッチしている愛撫は、微妙で優しい刺激なのです。それは、AVとは対極をなすものです。

最近は、女性もAVに毒されているようで、「顔面シャワーとか普通かも」なんていう大胆な女性もいらっしゃるようです。これなどは笑い話で済みますが、現実には、AV男優気取りの男性に、デリケートな部分を血まみれになるほど傷つけられ、それがいつまでもトラウマとして残ってしまった女性からの〝涙の訴え〟は数知れません。

先日、少し気になって調べてみたことがあります。それはAVでのカラミ一回あたりの所要時間なのですが、数十本のAVで統計をとってみたところ、約二〇分というのが平均値でした。奇しくも、ジャンクセックスの平均所要時間と一致するのは偶然でしょうか？

楽しみとしてAVを観ることは決して悪いことではありません。個々人が脳内の妄想世界で遊び戯《たわむ》れるのは自由です。しかし、AVで得た情報を、プライベートセックスにフィードバックしてはいけないのです。AV男優のパフォーマンスを、自分の彼女に試そうなどという子どもじみた考えは、今、この場で捨ててください。

独りよがりの〝自称テクニシャン〟

容姿の見栄えもよく、それなりに女性経験が豊富な男性の中には、〝自称テクニシャン〟という男性がけっこういらっしゃいます。自信があることは悪いことではありません。けれども、自称テクニシャンの方々には本当に申し訳ないのですが、私が開発したセックステクニックの前では、自称テクニシャンも、経験値ゼロの童貞君も、そのスキルにはほとんど差がありません。

それどころか、当スクールの男性受講生を対象に比較した時、経験が少ない男性のほうが結果として優秀であることが多々あります。下手に女性経験が豊富で間違った自己流が身についてしまった男性よりも、経験の少ない男性のほうが、余計な情報に毒されていないだけに、セックス理論の飲み込みが早く、真綿が水を吸収するようにアダムテクニックを身につけてくれるのです。

こんなことがありました。三六歳の童貞の男性が性技指導コースを受講された時のことです。彼は、ごく普通のサラリーマンという感じで、見た目は決してモテないタイプではないのに、おとなしい性格と、女性との出会いがない職場環境から、その年まで童貞を守ることになってしまったのです。しかし彼はみるみるテクニックを習得して、三回の受講（計六時間）で、完全にアダム性理論をマスターしてくれました。それから二ヵ月後、彼からこんなメールが届いたのです。

「アダム先生、悩みがあります。実は、今二人の女性とお付き合いしているのですが、どちらもセックスの相性がバツグンで、一人を選ぶことができません。どうしたらいいでしょうか？」

まさに一発大逆転です。本当に正しいテクニックは女性を虜《とりこ》にします。そしてその事実は、男性に偽りではない本当の自信を与え、三六年間童貞だった男性を、イケメンも真っ青のモテ男君に変えてしまったのです。

もしも、あなたに少しでも、自称テクニシャン的な素養として思い当たるフシがあるのなら、それがどういう体験に基づくものかは知りませんが、悪いことはいいません、今、自分でその天狗の鼻をへし折ってください。本書を読みすすめていただければわかることですが、今、世の中の男性が、常識だと信じて疑わないセックスの知識やテクニックは、誤解と間違いだらけなのです。自称テクニシャンの男性は、いわば〝セックス的バカの壁〟が厚いケースが多いのです。根拠のない自信は、テクニシャンへの道を閉ざす原因にもなりかねません。

「摩擦が強いほど感じる」と勘違いする男たち

女性からの様々な不満を耳にしますが、ここ最近、特に多いのが、「クリトリスの愛撫が痛い」というクレームです。男性は、自分のマスターベーションの経験則から、「強い摩擦ほど感じる」と誤解しています。そのため、一般男性の愛撫は全般的に強すぎるのですが、女性のもっともデリケートな部分であるクリトリスに対しても、同じ論理を適用させてしまっています。指でグリグリと愛撫するんですね。クリトリス愛撫の基本は、〝超ソフトに〟です。いきなり指でグリグリされても気持ちよくはないのです。当然、女性の反応が薄くなります。しかし、〝超ソフトに〟の基本を知らず、「強い摩擦ほど感じる」と思い込んでいる男性は、躍起になって、さらに愛撫を強くします。こうなると女性はもはや痛いだけなのですが、大和撫子はムードを壊すまいと、「痛い」とはいわず、けなげにも我慢します。女性は眉間《みけん》に皺《しわ》を寄せ、口を真一文字に結び、必死に苦痛に耐えているのですが、その表情を悲しいかな男性は、感じていると錯覚してしまうのです。そして、見事女性を感じさせていると思い込んだ男性は、その後も強すぎる愛撫を繰り返すのです。典型的な悪循環です。

正しいクリトリス愛撫法を紹介する前に、クリトリス愛撫の基礎を学んでください。クリトリスは指にしても舌先での愛撫にしても、〝超ソフトに〟が基本です。いつもあなたがいつもあなたが行っている愛撫の強さの、五分の一、いや一〇分の一程度の強さでもいいかもしれません。行れったくなるほど弱い刺激がクリトリスにはちょうどいいのです。この超ソフトな刺激をずっと続けてください。女性が感じ始めたからといって、強くしてはいけません。「最初はソフトに、徐々にハードに」という言葉が、あたかも原理原則のように思われていますが、これは間違いです。正しい愛撫法は、〝最初から最後まで超ソフトに〟です。指や舌のピッチを上げるのは、女性がオーガズムを迎えるその直前だけだと心得てください。超ソフトタッチの継続は、場合によっては、女性がイクまでの時間を遅らせますが、それでいいのです。イカせることを目的とするのではなく、より長い時間、より深い官能を与えてあげることを目的としてください。イクという現象は結果にすぎません。濃密な時間が、長ければ長いほど、結果としての〝イク〟という現象は、「ウッ」程度の快感ではなく、「アギャー!!!」という絶叫を伴う爆発現象となるのです。

クリトリスの正しい愛撫法

では、クリトリスの正しい愛撫法の基本編をご説明します。

まず、一般の男性にはあまり知られていませんが、クリトリスを愛撫する時、最初にしなければならないのは、〝クリトリスの皮を剝《む》く〟ことです。小さな小さな性感帯をピンポイントで刺激するためには、ちゃんと皮を剝いてクリトリスを完全に露出させなければなりません。男性は、仰向けの女性の横にポジションをとってください。右利きの男性なら、女性の右側がやりやすいでしょう。

皮を剝く際は、利き手とは逆の指を使います。人差し指と中指の指先で、クリトリスを挟むようにして、そこからVサインを作るように指を左右に開き、そのまま数センチ、おへその方向に指を引き上げれば、簡単にクリトリスの皮を剝くことができます。

次に指での愛撫法です。利き手と反対の指で皮を剝いた後、利き手を女性の太腿に乗せます。手のひらの下の部分、小指側の肉厚な部分を太腿に置く感じです。指先から安定した刺激を継続して供給するために、手のポジションを固定させるのです。そして、太腿に置いた部分を支点にして、手首を動かしながら、中指の上下運動で、超ソフトにクリトリスを愛撫します。下から上に指が移動する時に、刺激を加えるイメージで、スピードに変化をつけながら愛撫しましょう。

最初のうちは、指先がちゃんとクリトリスの先端をピンポイントで捉えているかどうかを、自分の目で確認しながら行ってください。適当が一番いけません。指先が正しい感覚を覚えるまでは、何度でも繰り返し確認してください。

メディアに踊らされる悲劇

情報化社会の今、盛んにメディアリテラシーの重要性が啓蒙されています。メディアリテラシーとは、メディアの特性を理解し、メディアに溢《あふ》れる情報を取捨選択して活用する能力のことですが、セックスの情報においても、不可欠な能力です。それくらい間違った情報が氾濫《はんらん》しているのです。

その最たるものが、〝Gスポット〟です。

今の時代、〝Gスポット〟を知らない男性はいないでしょう。けれども、世の中の男性が知っているのは、〝Gスポット〟という性感帯の名称だけです。それはあなたも例外ではありませんね。名前を知っているだけで、正確な場所も正しい愛撫法も知らないのです。週刊誌などで、〝驚異の性感帯〟とか、〝潮吹き〟といった、一面的な側面だけがセンセーショナルにクローズアップされますが、テクニックも位置などを記したイラストや、肝心の愛撫法は、間違いだらけのデタラメな内容ばかりです。この記事を書いた本人は本当にGスポットで女性をイカせたことがあるのか？　と疑いたくなります。

AVの弊害も指摘しないわけにはいきません。AV女優に潮を吹かせるという演出が、ブームを超えて、今や定番化しています。女性は誰もが潮を吹くという錯覚を覚えるほどです。けれども、実際にセックスで潮を吹く、真性の潮吹き体質の女性は、私の体験上、多くて一〇〇人中二～三人にすぎないのです。真性の女性にしても、毎回必ず潮を吹くということはありません。その日の体調や、男性のテクニックに大きく左右されるのです。そして、潮を吹くという現象と、それが快感であるかどうかは、別問題です。「なんか漏《も》れちゃったって感じがするだけ」という女性がほとんどです。私自身、何人かのAV女優に話を聞いたことがありますが、気持ちいいどころか、潮吹きのシーンで、苦痛を味わいながらも、「仕事だから我慢するしかないんです」と、陰で泣いている女性は少なくありません。セックスを生業《なりわい》としているAV男優にして、その程度のテクニックなのです。ショーにすぎないAVを見よう見まねで、興味本位に彼女や奥さんに潮を吹かせようとする行為は、絶対に慎んでください。私にいわせれば、そんな男性はセックスをする資格もありません。

ただ、Gスポットが驚異の性感帯であることは、紛《まぎ》れもない真実です。正確な場所を正しい愛撫法で的確に愛撫すれば、ペニスによる快感とも、クリトリスの快感とも異なる、強烈な絶頂感を女性にプレゼントすることができるのです。

Gスポットの正しい愛撫法は、第四章で詳解しています。ぜひ、マスターして、愛する女性を未体験の官能ゾーンに誘ってあげてください。

性を卑《いや》しめる人間の矛盾

本来セックスとは、とても神聖で尊い愛の行為です。けれども現実はどうでしょうか？「いやらしい」「恥ずかしい」「ふしだら」「エロい」「不潔」「不道徳」「不謹慎」などなど、時に蔑《さげす》み、時にタブー視するなど、まるで汚いものに蓋《ふた》でもするかのような酷《ひど》い扱われようです。

でも、考えてみてください。愛し合った男女は、両親と兄弟、親族や友人の祝福を受け結婚し、そして赤ちゃんを妊娠し、出産します。生まれてくる赤ちゃんを〝愛の結晶〟といい、子宝・授かりものとしてとても慶《よろこ》びます。その赤ちゃんを妊娠する過程には、夫婦に性欲があり、セックスという行為があります。その性欲とセックスは、人間にとって切っても切り離せないとても大切な欲望であり行為なのです。そもそも、今こうして私たちが存在しているのも、私たちの両親の性欲とセックスの賜物《たまもの》なのです。

紛れもなく尊い存在である性欲とセックスを卑しめるのは、矛盾という他ありません。この矛盾が起きるのも、私がすでに何度も指摘している、性の無知が原因です。

特に私が問題視するのは、学校教育における性教育のあり方です。過剰なまでに性情報が氾濫する現実社会の中にありながら、いまだに二〇年前、三〇年前となんら中身が違わない保健体育の教科書を使って、種の保存（生殖行為）に特化してセックスを語るという杓子《しゃくし》定規《じょうぎ》で中途半端な教育が反復されているのです。次に来るのが、エイズや性感染症の実態と、堕胎による女性のカラダへの悪影響です。愛を語る前に、セックスの恐怖を子どもたちは植えつけられるのです。こんな教育では、子どもたちが愛とセックスをちゃんと学ぶべくもないでしょう。逆に、「セックスは汚い行為」「気持ちよくなるのはいけないこと」といった誤ったバイアスが、彼らの将来にずっと影を残していくのです。それでも、彼らは若い性欲にまかせてセックスをします。それも奔放に。そして徹底的に傷つくのです。

私は何も、子どもたちに愛撫テクニックや体位を教えましょうといっているのではありません。生殖行為としてのセックスがまず先にあるのではなく、男女が愛し合う行為がセックスであり、満ち足りたセックスの中で授かるのが赤ちゃんであるという、当たり前のことを教えてほしいのです。この原理原則を学んだうえで、子どもたちには、好きな異性のことを考えるだけで眠れないとか、手をつないだだけでカラダに電気が走るといった、一〇代の瑞々しい感性と感受性をしっかりと記憶に残してほしいのです。この時の記憶が、ありのままの自分の性を素直に受け止めてなおかつ、相手の性のことも真摯《しんし》に考えることができる、成熟した大人になるための大切な栄養分となるのです。

我々は、もっと堂々と自分の性と向き合い、セックスパートナーである女性と、もっともっと性について語り合うべきです。それがお互いを理解するための方策であり、気持ちいいセックスをするための近道になるのです。

不毛な〝名器〟幻想

セックスには数多くの迷信が存在しています。「巨乳は感度が悪い」とか、「男性経験が多いと、乳首や性器の色が黒くなる」などが代表的ですね。この二例に関しては、科学の進歩というのか、事実無根の中傷であることが、だんだん認知されてきているようですが、〝名器〟に関しては、二一世紀になった現在も、いまだに信じられているようです。

男性誌や官能小説には、ミミズ千匹、カズノコ天井、キンチャク、タコ壺など、様々な名器の呼称が登場します。言葉の影響というのは非常に大きく、男性も女性も、そのような名器が実在するものだと思い込んでしまっています。外部に露出しているペニスとは違い、膣の中は見えないということが、神話のごとく名器が語り継がれている要因でもあるでしょう。

しかし、私はここで断言しておきます。世の中に名器は存在しません。研究のために一〇〇〇人以上の女性とセックスを経験した私がいうのですから間違いありません。

膣口の狭い女性というのはいます。指を一本入れるのがやっとという状態で、このケースに関しては、「入口の締まりがいい」という表現があったとしても間違ってはいないのかもしれません。また、子宮の形状や位置・硬さの具合で、亀頭と子宮頸部が絶妙に摩擦して気持ちいいことはあります。また、女性の中にはアナルの締め付けをトレーニングして、ペニスに密着感を与える女性もいます。しかし、私からすれば、平均の範囲内なのです。

名器神話を夢想するのは勝手です。けれども、名器の存在を信じて疑わない無知な男性の中には、セックスパートナーに対して、「おまえのアソコ、ゆるいんじゃないの？」などといった心ない言葉を、平気で吐く人がいます。断じて許せません。私はこれまでに何人も、男性から「ゆるい」といわれた女性の相談を受けてきました。しかし、私が実際にチェックしてみると、まったくの標準で感度も申し分ない方ばかりでした。

男性が自分のペニスのサイズや形が気になるように、女性もまた、自分の性器をコンプレックスに感じることが多々あります。「色が黒ずんでるのではないか？」「左右の小陰唇の大きさが違ってグロテスクではないか？」など、自分の性器を「可愛くない」と思い込んでいる女性は、男性が思う以上に多いのです。成熟した大人の男性なら、女性から見てグロテスクな性器ほど、セクシーで美しいものと捉えるのが普通です。けれども、名器神話を信じてしまうような、未成熟な男性は、女性と同じように、グロテスクに見えてしまうようです。そして、そういう男性に限って、〝アソコの具合〟に執着する傾向があります。困ったものです。

名器幻想に惑わされてはいけません。存在しないものにこだわるのは、不毛です。それよりも、気持ちいいセックスがしたいのなら、もっともっとセックスパートナーの女性器を褒《ほ》めるべきです。「綺麗だよ」「美しいよ」「可愛いよ」「とってもセクシーだよ」。思いつく限りの言葉で褒め称えてあげましょう。「可愛くない」「グロテスク」と思い込んでいる女性は、その一言でとても気持ちが楽になるのです。男性がペニスを「大きい」とか、「カタい」と褒められて有頂天になるように、女性も性器を褒められることは、とてもうれしいのです。

ペニス至上主義が女性を不幸にする

ペニスを膣に挿入することだけがセックスだと思い込んでやまない男性は、少なくありません。ペニス至上主義に支配された男性たちは、一刻も早くペニスを挿入して、膣を突きまくることが、女性を気持ちよくさせる秘訣かのように思っています。また、彼らにとって唯一絶対の武器であるペニスは、大きければ大きいほど女性は悦ぶと思っています。どちらも大間違いです。

ほとんどの男性にいえることですが、まず、ペニスを入れるタイミングが、早すぎます。ペニスを受け入れる準備がまだ整ってない膣にペニスを挿入されても、女性は気持ちいいどころか痛いだけなのです。よく、「『濡れ』が挿入OKのサイン」などといわれますが、これも間違っています。私が体験した事例では、シーツに水溜まりができるほど、アソコがグショグショに濡れているのに、実は不感症という女性がいました。これは少し極端なケースかもしれませんが、女性器は精神的に興奮するだけで反射的に愛液が分泌されることがあります。つまり、アソコが濡れたからといって、それが挿入のベストタイミングとは限らないのです。では、どうやって挿入のタイミングを計るかというと、これはもう、女性が今どれくらいの官能レベルにあるのかを、確認するしかありません。一番わかりやすいのは、女性が「お願い、もう入れてッ」と挿入を懇願してきた時です。こんな時は、あえてすぐには入れないで、さらにじらすという高等テクニックもありますが、ま、その話はここでは控えましょう。

次に、挿入してすぐの激しいピストン運動についてですが、多くの女性が口にするのは、「動かないで、じっとしていて」というものです。膣は伸縮自在の構造になっています。そして、膣はペニスを受け入れると、そのペニスの大きさや形が立体的にフィットするように、形状を変化させ、そのペニスの大きさや形を形状記憶させるのです。膣が感じるための準備なのですが、この作業は、ペニスが静止した状態のほうがスムーズに行えます。それが、入れた途端にピストン運動が始まると、膣の中が掻《か》き回されたような感覚になり、膣も女性の心理状態も安定しないのです。要するに〝感じにくい〟ということです。

つまり、女性を膣でイカせるためのテクニックは、激しいピストン運動ではなく、その逆の〝ペニスを静止させる〟ことなのです。

このペニスの静止は、入れた直後に限ったことではありません。交接の途中でも効果的で、一旦ピストン運動を止めて、しばらく静止状態をキープした後、再度ピストン運動をすると、そのビフォー&アフターでは女性の感度が数段違ってきます。とても簡単なテクニックですので、ぜひ試してみてください。

さて、最後はペニスの大きさについて。世の男性は、多かれ少なかれ、〝巨根願望〟を抱いていいます。大きければ大きいほどすばらしいことであり、大きなペニスは女性も悦ぶものだと思ってしまいがちですが、これは巨根願望が作り出した幻想です。平均サイズのペニスでも、早すぎる挿入や、激しすぎるピストン運動は、女性に苦痛を与えます。これが平均サイズより大きなペニスの場合、さらに女性の苦痛が大きくなるというのは、小学生でもわかる理屈です。

大きくて立派なペニスをお持ちの男性は、さぞや鼻高々でしょう。セックスも「どうだ!」といわんばかりに、自信に満ち溢れていらっしゃるかもしれません。ここが大きな落とし穴です。ペニス至上主義に支配されている、つまりペニスに比重が偏《かたよ》りすぎている男性は、ペニスが大きければそれだけでオールオッケーだと錯覚してしまい、ピストン一辺倒の短絡的なセックスしか女性に提供できていないのです。

モデルのような美貌の女性とセックスをしたのだけれど、ちっとも楽しくなかった、というのはよく耳にする話です。見た目の美しい女性は、何の努力をしなくとも男性が次から次に寄ってきます。そのため、セックスがマグロ化してしまう傾向が強いのです。これはイケメンも同じ。そして、私が調べた限り、巨根男性は、著しく〝何の努力も工夫もしない〟傾向が強いのです。満たされた自己顕示欲にうつつを抜かして、女性の性欲を満足させてはいないことも、女性の痛みによる苦痛も、女性の心の悲鳴にも気がつかないのです。

容姿やペニスにコンプレックスがある男性は、そのコンプレックスを補うべく、様々な努力をします。それが男として生きる知恵だからです。けれども、大きなペニスの持ち主は、男性なら誰もが努力工夫すべきセックスのテクニックを磨かないまま、同じ過ちを繰り返すのです。

「ペニスさえ大きければ女性を満足させられる」というペニス至上主義は、「お金さえあれば何でも手に入る」と思い込んでいる拝金主義と等しく愚かなことです。

ペニス至上主義という落とし穴に落ちてはいけません。女性を快感に導くのは、ペニスの何十倍も器用な手です。指先の微妙で絶妙なタッチが、女体を深いレベルの快感の世界に誘《いざ》なっていくのです。ペニスという伝家の宝刀が、本当の威力を発揮するのはその後だということを、くれぐれも忘れないでください。

イキにくい体位とは

「挿入時間が短い」というのは、女性からもっともよく聞かれる不満の一つです。アメリカの性科学者の中には、「挿入時間が一分でも、女性を満足させてあげられれば早漏ではない」という説を掲げる人もいますが、こんな早漏の定義は、詭弁《きべん》にすぎません。セクハラの定義同様に、相手が不快感や不満を感じた瞬間、どんないい訳をしようがそれは罪になるのです。そもそも女性の膣のメカニズムとして、たった一分で満足させることなど不可能です。

もしも、一分で満足するという女性がいたら、それは本当の気持ちではなく、彼女の優しさです。都合のいい早漏の定義にも、女性の優しさにも、あぐらをかいてはいけません。日本人男性の「七割は早漏である」という統計がありますが、「あ、七割もいるんだ」と安心してはダメです。早漏の克服は、セックスを楽しむうえでの必須課題です。

　では、どうして早漏という現象が起きるのでしょうか？　もちろん、ペニスそのものの強度は最大の原因ですが、実は、今我々がポピュラーな体位としてメインに使っている〝正常位〟に、男性を早漏化させる原因があります。何を隠そう、数ある体位の中で、正常位がもっとも射精に突き進みやすい体位なのです。

　詳しく説明していきましょう。正常位の時に男性の体勢は前傾姿勢になります。男性の射精のメカニズムには、自律神経である交感神経と副交感神経の働きが、密接に関わるのですが、前傾姿勢は、神経を過敏にする交感神経が優位に立つため、膣とペニスの摩擦による刺激に敏感になりやすいうえ、腰も自由に動かすにはもってこいの体位ですから、完全なる攻撃モードの状態に突入しやすいのです。持続力に自信がない男性なら、アッという間に射精してしまうのは無理もありません。まさに〝射精位〟とでも呼ぶべき危険な体位ですから、早漏気味の男性がセックスを正常位から始めるのは自爆行為といえます。

　逆に、男性が仰向けになり、女性上位で女性を抱きかかえた場合、こんどは興奮を抑制する副交感神経が優位に立つので、男性はリラックスした状態になって、イキにくくなります。同じ性能のペニスでも、体位を変えるだけで、その持久力は驚くほど変化するのです。たったこれだけのことでも、知っているとペニスはかなり長持ちするようになり、長い時間、快感を共有できるようになるのです。

無知は罪ですが、正しい知識は人間を幸福に導くのです。

セックスは医学の常識を越える

いまだに産婦人科医の中には、〝膣は感じない〟という誤った情報を発信し続けている人がいます。彼らの理屈はこうです。「膣内は神経がはしっていないために感じることはない」。反論するのもバカバカしい誤解です。Gスポットは特Aクラスの性感帯としてあまりにも有名ですし、第四章で明らかにしますが、私はGスポットを超える膣内の性感帯である、アダムGスポット、Tスポット、Aスポットをすでに発見し、その驚愕の性能は、数多くの女性たちのカラダで実証済みです。

〝膣が鈍感〟という誤解は、すぐ近くのクリトリスと比較されてしまうのも大きいでしょう。クリトリスはとても「イキやすい」性感帯です。一方で膣は、「イキにくい」性感帯なのです。注意してほしいのは、イキやすいとかイキにくいというのは、それぞれの性感帯の特性であって、感度のよし悪しとは別問題ということです。ちなみに女性は、膣にペニスを入れて交接すると、その間中敏感に反応し喘ぎ続けます。

女性のカラダには、膣やクリトリスだけでなく、まさに星の数ほどの性感帯が無数に点在しています。その一つ一つの特性や特質はすべて違います。〝強い快感〟や、〝優しい快感〟、〝淡い快感〟や〝深い快感〟など、様々な快感の種類があるのです。これは、楽器がその種類によって音色が違うのと同じです。一つの楽器でも、弾き方や、弾く人によってもまた音色は変わります。女性のカラダにはオーケストラのごとく、様々な種類の楽器が配置されているのです。男性はコンダクターです。一つ一つの楽器の特性を理解し、そのポテンシャルを引き出すことで、女体は、すばらしい交響曲を奏《かな》でるのです。ペニスの快感しか知らない男性には、女体の神秘を理解するのはなかなか難しいかもしれませんが、これが女性という生き物であり、セックスの醍醐味なのです。私が、楽器をたとえに出したのは、女性の性やセックスを理解するためには、言葉でイメージすることがとても大切だからです。

先ほど、膣はイキにくい性感帯だと話しました。しかし、誤解しないでください。それは、〝ペニスでは〟というカッコ付きの話です。ペニスのピストン運動では絶頂に至りにくいというだけで、正しいポイントに的確な刺激を与えてあげれば、女性なら誰でも絶叫してしまう強烈な性感帯が膣内には存在するのです。それがGスポットに代表される膣内性感帯です。愛撫する部位がペニスではなく指になると、膣はその表情を一変させます。

もちろん、ペニスにはペニスのよさがあります。指では奏でられない、別次元の官能をペニスは女性に与えることができるという事実も忘れてはいけません。

すべての問題は、男性が、膣で女性をイカせることにこだわりすぎることにあります。男性が汗だくになって、必死の形相で女性をイカせようと懸命になればなるほど、それは女性にとってはもの凄《すご》いプレッシャーになるのです。「こんなにがんばってくれてるのにイケないと男性に申し訳ない」「イケないのは私の感度が悪いからなのかも」といった不安と戦いながらのセックスでは、イケるものもイケなくなってしまいます。

膣はペニスではイキにくく、指ならイキやすい性感帯と書きましたが、それは、男性が確固たるテクニックをマスターしてからの話です。

そういう真実を知らずに、間違った情報に惑わされて、〝膣でイケない〟悩みやストレスが、女性からセックスを遠ざけてしまう原因になるのです。

実際、膣でイケるという女性は、イケない女性よりもはるかに少数派です。ペニスでイケない女性＝感度の悪い女性ではないのです。想定の範囲内の個人差です。こんなにがんばってるのに、なんでイカないんだと思うことこそ、ペニス至上主義の弊害といえます。イカせようとするのではなく、プレッシャーのないゆったりとしたムードの中で感じさせてあげることが何よりも大切です。イッてくれたらラッキーくらいな気持ちでちょうどいいのです。

男性本位とリードの違い

無知な男性の性欲とエゴの暴走の成れの果てが、忌々《いまいま》しきジャンクセックスです。射精という目先の欲望に掻きたてられた時、男性はコントロール不能に陥ります。相手の女性の快感や満足などは二の次、三の次で、まっしぐらに射精に突き進むだけの自分勝手なマスターベーションです。しかし、この男性本位なセックスを、男性は、「自分が女性をリードしている」と錯覚してしまうのです。日本の古来からの伝統とでもいうべき、男尊女卑の精神がもたらした圧倒的な主導権が、男性からセックス本来の役割を見失わせてしまうのです。女性が強くなったといわれて久しい今、ベッドの上でしか男らしさを誇示できない状況が、男性の暴走を加速させているのかもしれません。

誤解のないよう最初に断っておきますが、セックスにおいて、男性と女性は等しく平等であるべきです。「男性が上で女性が下」という時代錯誤な思考はもちろんとして、一般的にそれが普通だと信じられている、「男性が責めで、女性は受け身」といった考え方も、セックスから自由を奪うだけで、豊かなセックスライフには繋《つな》がりません。このことは、女性の多くが「私は、やっぱり男性にリードしてもらいたいな」と希望しているという事実とも、まったく矛盾しません。男性は能動的であり女性は受動的であるという性差は否定しませんし、性感がペニスに一極集中している男性に対して、女性は頭のてっぺんから足の先まで全身が性感帯であるという、カラダの仕組みの違いも当然あります。

私がここで問題にしたいのは、男性と女性の役割分担に関してです。今、男性はペニスを入れる側、女性はペニスを受け入れる側という、極めて表層的な一点だけをもって、つまり、男性が女性を一方的に責めることが、〝男性のリード〟と受け止められている現実に、私は警鐘を鳴らしているのです。

理想的なセックスとは、「相互愛撫・相互官能」です。男性が女性を一方的に責めるだけでなく、男性も女性から愛撫されて、新たな自分を発見していくこと。これがセックスです。この相互愛撫・相互官能を実現するには、女性の脳に内蔵されている「男を責めたい」というDNAの装置を作動させることです。それには、「自分から男性に要求を出すことがふしだら」と思い込んでいる女性の、羞恥心《しゅうち》を取り払ってあげるといったことが必要です。乙女心に配慮しながら、それらを実現させていくのが、本当の〝男性のリード〟なのです。世の中の女性は、潜在的に、そうした本当の〝男らしさ〟を求めているのです。

もっといえば、セックスはベッドの上から始まるものではありません。日常の会話の中で、セックスについて自由に語り合える関係を築いていくことが不可欠なのです。男性本位とリードの違いについて、改めて再確認してみてください。改善すべき点が、いろいろと見えてくるはずです。

男性はたっぷりと愛撫を受けよう

〝男は責めで、女は受け身〟という旧態依然とした固定観念から抜け出せない多くの男性は、セックスの時、充分に女性から愛撫を受けていません。当然、男性はフェラチオが大好きですから、ペニスにはそれなりに愛撫してもらってるのでしょうが、ペニスにしか愛撫を受けないということは、実はとてももったいないことなのです。男性は、もっともっと気持ちよくなることができるのです。

それが、「男性も女性から、全身に愛撫をしてもらう」ということです。前項で、セックスの理想形が、「相互愛撫・相互官能」であるといいました。お互いにお互いを好きなだけ愛撫して、貪欲に快感を貪るセックス。どうです、想像するだけでもエロティックで、気持ちよさそうな行為だと思いませんか？　しかし、この非日常的なエロティシズムを誘発する、ビジュアル的な一面だけを見ては、「相互愛撫・相互官能」の本当のすばらしさを半分も理解したことにはなりません。

セックスで得られる快感は、〝性エネルギー〟の量に比例します。

〝性エネルギー〟については、次章で詳しく解説するので、今は、〝性的に興奮した時の気持ち〟と、解釈しておいてください。興奮が高ぶるほど女性の感度が増すことを、我々男性は、経験の中で知っています。そのことを性科学的に説明すると、〝性エネルギーの増大によって、脳が刺激を性的に受信する能力が高まり、性感帯の感度がアップする〟となるのです。性エネルギーは男性も女性も持っています。お互いの性エネルギーのキャッチボールを繰り返すことが、性エネルギーを増幅させていくのです。

お互いに愛撫をして感じ合うということが、性エネルギーのキャッチボールです。性エネルギーが増幅されると、男性も女性もより感じやすくなります。そして、お互いがお互いの感じている姿を見て、さらに興奮し、性エネルギーは増大します。そして、ますます感じやすくなって……。この延々と繰り返される好循環が、果てしない官能世界へと男女を誘っていくのです。

この性エネルギーのメカニズムを、今はすぐに理解できなくても結構です。けれども、男性が一方的に射精してジ・エンドの、ジャンクセックスでは、気持ちいいセックスをするためには不可欠なキャッチボールが行われていないことだけは、おわかりいただけたと思います。

繰り返しますが、男性が女性から十分な愛撫を受けていない現状は、とてももったいないことなのです。なぜなら、スローセックスを実践すれば、射精の快感は、「ウッ」程度ではなく、思わず絶叫してしまうような強烈な快感に至ることができるからです。

第二章　男と女の違い

本当の性的悦《よろこ》びを知らない女性たち

セックスで感じやすい女性やイキやすい女性の性感帯を、一般的に、「開発済み」などと称します。「前に付き合ってた年上の男に開発されたらしくって、すっごい敏感な女だったよ」とか、もっと局地的な例をあげれば、「昨日ヤッた女が、お尻の穴まで開発済みでさぁ、大変だったよ」といった具合でしょうか。このように、とかく男性は、女性の性感帯そのものが感じているかのようなイメージで捉えがちです。けれども、実際は、性感帯である皮膚自体が気持ちよくなったり、感度が鈍かったりするわけではありません。当たり前のことをいいますが、感じているのは〝脳〟です。たとえば視覚。日本語では、「目で見る」と表現しますが、カメラにたとえるなら、目は〝レンズ〟という一つのパーツとしての役割を担っているにすぎず、脳が物体をビジュアル化することではじめて、我々は「見る」ことができるのです。

〝感じる〟や〝イク〟という現象もこれと同じです。性感帯（皮膚）への刺激を、脳が「気持ちいい」と判断するから、女性は感じたり、イッたりするのです。

感じるのは性感帯そのものではなくて脳です。つまり、セックスとは脳でするものなのです。このいわれてみれば当たり前の大原則を見落としているから、女性を感じさせられないし、イカせられないのです。

世の中の男性は、普通に「感度がいい女」「感度が悪い女」といいますが、皮膚そのものの〝触覚的感度〟は、多少の個人差こそあれ、基本的には平均化されています。したがって、世の中には、「感度がいい女」も「感度が悪い女」もありません。セックスの愛撫に敏感か、そうでないかの違いは、「脳の感度がいい女性」か、「脳の感度が鈍い女性」かの違いなのです。

すなわち、男性がセックスにおいて重点を置くべきことは、いかに女性の脳を、感じやすい脳に成熟させていくかなのです。いわば、〝脳への愛撫〟が最重要ポイントなのです。

ジャンクセックスの稚拙《ちせつ》なセックスの愚かさを、具体的に指摘しましょう。いわゆる「感度のいい女」とセックスをすると、その感度のよさにうつつを抜かして、自分が楽しむだけで、相手の〝脳への愛撫〟を怠ります。逆に、「感度の悪い女」の場合は、感度の悪さにさじを投げてしまいます。したがって、どちらにしても、女性たちの〝脳〟の開発は、遅々として進まないのです。

その結果、世の中の九九％の女性が、本当の女としての悦びを知らず、悶々《もんもん》とした日々を送ることになるのです。

蔓延する性感処女

九九％の女性が本当の悦びを知らない、というと、「イッたことのある女性が、たった一％ということはないだろう」という反論があるかもしれません。もちろんそうです。イクという現象だけなら、もっと多くの女性が経験しているでしょう。けれども、私がいう「本当の悦び」や「本当の快感」とは、単にクリトリスを指やピンクローターなどで刺激されて、ものの数分で到達するような低レベルのオーガズムのことではないのです。そして、実は、スローセックスで得られる快感とは、何もオーガズムだけを目指すものでもありません。ただ、脳と快感の関係を知ったばかりのあなたに、その話をするのはまだ時期尚早だと思いますので、ここでは、世の男性にとって一番気掛かりで、わかりやすい「イクこと」に絞って、快感のレベルの話をしましょう。

ジャンクセックスレベルのセックスで、女性たちがたとえ「イッた」という表現を使ったとしても、その快感はまだまだ上限ではありません。現状のセックスやマスターベーションで経験する「イク」のレベルを高度にたとえると、精一杯ジャンプしたつもりでも、せいぜい数メートルなのです。それが、スローセックスを実践すると、軽くジャンプしたつもりでも富士山の頂上、場合によっては成層圏を突き破って、宇宙空間にまで飛び出してしまうのです。しかし、今説明したことは、女性も男性も、経験してみてはじめてわかることです。だから、セックスの快感の話はとても難しいし、時に現実から目をそらして、妄想へと逃避してしまいがちです。でも、無知な男性による男性本位の未熟なセックスで経験できる「イク」のレベルは、がんばって数メートル程度でしかなく、その程度の低レベルの快感でも、得られるだけマシという底値状態にあることだけは、真摯《しんし》に受け止めてください。

わかりやすい例をあげましょう。今どきのギャル系ファッションに身を包んだ、いかにも男性にモテそうな二〇歳の女のコの話です。彼女は私に、「もうセックスは飽きちゃったよ」と話してくれました。聞けば、初体験は一三歳で、体験人数は弱冠二〇歳にして五〇人以上。

「フツーのには飽きちゃったから、SMっぽいことも色々と試したし、開店中のデパートのエスカレーターでヤッたこともあるよ」など、様々な経験を赤裸々に告白してくれました。私は気になって、「それで、イッたことはあるの?」と聞いたところ、彼女は「ない!」と屈託なく笑うのです。五〇人以上の男性と、AVまがいのセックスを経験していながら、彼女は〝脳の処女膜が破れていない〟状態だったのです。

今のこの日本には、見た目には成熟した大人の女性であり、セックス経験もそれなりにあるにもかかわらず、女性としての本当の悦びを経験したことがない、いわば〝性感処女〟とでも呼ぶべき女性たちが、急増しているということです。なんとももったいない話だと思いませんか？　そのもったいない事態を招いている犯人は、紛《まぎ》れもなく、同じ時代を生きている男性たちなのです。

不感症で悩む九五％は正常

一般女性が今経験している「イク」が、まだまだ上限ではないといいましたが、「イケるだけまし」と嘆く女性が多い事実が、現状のセックスのお粗末加減を逆説的に証明しています。

三〇代、四〇代、五〇代の声を聞いても「今まで、一度もイッたことがない」という不幸な女性が、世の中には数え切れないほどいます。

事実、当スクールを受講される女性の大半が〝不感症〟という悩みを抱え、勇気を振り絞って私の元を訪ねてこられる方々です。セックスの経験が少ない方、男性の乱暴なセックスや心ない言葉でトラウマになっている方など。彼女たちが、不感症（あくまでも症状としてですが）になる原因は様々ですが、彼女たちが「私は不感症なのではないか？」と悩む直接の理由は、彼や夫とのセックスが気持ちよくないことです。

そして、ここまで読みすすめられたあなたには、もうおわかりだと思いますが、当スクールの〝不感症セラピー〟を受講される女性の九五％は正常なのです。これが事実です。

つい先ほどまでは、「夫に愛撫されても何も感じない」「私のカラダは異常なのかもしれない」と、うつむき加減で暗く沈んでいた女性たちが、私がオーガズムマッサージを施すと、身をよじり、カラダをのけぞらせ、全身を痙攣《けいれん》させ、ベッドの上で美しい裸体を舞い躍らせながら、野獣の雄叫《おたけ》びのごとき喘ぎ声とともに、オーガズムの海に落ちていくのです。

施術後、私は彼女たちにこういいます。

「あなたのカラダはどこも悪いところはありませんよ。悪かったのは〝男運〟です」

男性であるあなたには耳が痛いかもしれませんが、これが私の率直な意見であり、紛れもない事実なのです。何人もの男性を渡り歩いてきた女性が、結婚して一〇年以上になる既婚女性が、パートナーの愛撫にピクリとも反応しなかった女性たちが、その日はじめて会った私の施術一発で、「女性に生まれて本当によかった」と心から思える高レベルの快感を経験するのです。感激のあまり、涙される方も多くいらっしゃいます。

私は、自慢話をしているのではありません。私が本書でご指導する正しいセックスをマスターすれば、誰もが私と同じように女性を深い官能ワールドに誘うことができるのです。射精という一瞬の快感に一喜一憂するのではなく、「すべての女性を思うままにイカせたい」という男性の夢を叶《かな》え、女性だけでなく男性にとっても理想的なセックスをすることができるようになるのです。

本当のセックスを経験したことがないから、男性は陳腐で軽薄な形としてしか理想のセックスを描けないだけなのです。だからこそ、あなたが一歩先に進むためには、今、女性たちが置かれている現状と、女性の性メカニズムを正しく知る必要があるのです。

不感症に陥る最大の原因は、先述してきたとおり、皮膚への物理的刺激を、性的刺激と感知する〝脳〟の機能が開発されていないことです。この機能を蘇《よみがえ》らせ、成熟させていくための方法は数々ありますが、もっとも効果的で合理的な方法は、〝全身の性感帯に的確な刺激を継続して供給すること〟です。まず、これが男性にはできていません。男性受講生でもよくある失敗例なのですが、初級コースの男性ほど、性感帯の正確な位置を知りません。「なんとなくこの辺」という感じで、適当に愛撫しているために、ポイントがずれてもお構いなし。ゴルフでたとえれば、隣のコースの旗を狙《ねら》っているようなもので、これではどんなに一所懸命にスイングしても、ボールはカップには入りません。当の本人は気がついていないのですから、笑うに笑えない喜劇です。

次に多い原因としては、女性本人が、〝イク〟という感覚をつかめていないことです。「クリトリスや乳首は感じるけれど、〝イッた〟という実感が持てない」というケースです。女性は男性のように射精というわかりやすい形のオーガズムではないため、どのレベルまで快感を感じることができたら〝イク〟ということなのかが、自分で確信が持てないことから起こります。通常のレベルではイッているのに、官能小説などに影響を受けて、「失神してないから、まだイッていない」などと、自分で自分を〝不感症〟だと決めつけてしまうのです。この不正確な格付けが、心にマイナスの作用を引き起こし、時には、本当に感じなくなってしまうこともあります。

いかに、〝女性の感度〟と〝脳〟が緊密に関係しているかということでしょう。

実践では、女性に「イク」ことに対してプレッシャーを与えない配慮が大切です。セックスの後で、「ねぇ、イッた？」なんて聞くなどもってのほか。それがプレッシャーです。女性のオーガズムは、男性の「いっぱい出たから気持ちいい」といった、単純なものではありません。男性は、「今日は射精できるかな？」なんて悩んだりしませんよね。でも、女性は、「今日はイケるかしら」「イケなかったらどうしよう」と、深刻に悩んでいるのです。

女性をイカすコツ。それは、無理に女性をイカせようとしないことです。そして、あなた自身が「イッた」とか「イカなかった」ことにこだわらないこと。この、イクことにこだわらないという逆転の発想が、女性をプレッシャーから解放させ、ひいては女性を感じやすくイキやすい体質へと変えていくのです。

〝イッたフリ〟に甘やかされる男たち

ある女性誌の統計によれば、成人女性の八割が「〝イッたフリ〟をしたことがある」と答えています。〝イッた〟かどうかが形で現れる男性には、ありえない行為ですが、現在のセックスにおいて、女性の〝イッたフリ〟は、もはや常態化しているということです。

女性がイッたフリをするのは、「イケないから」ですが、彼女たちの理由は、二つに大別できます。一つは、「盛り上がっている空気を壊さないため」や、「彼を傷つけないため」といった、慈愛の精神によるもの。自分は気持ちよくないのに、せめて男性にはいい気分でいてもらおうという女性たちの寛容さと優しさに、男性は脱帽するしかありません。もう一つは男性にとって、とても屈辱的な理由です。それは、「フリをすると男が早くイッてくれるから」「痛いのをこれ以上我慢できないから」といった、女性たちにとってつまらない愛撫やピストン運動を早く終了させるための戦術的理由です。

このまったく異なる二つの理由を男性は見破ることはできません。そもそも、本当にイッたのか、イッたフリなのかさえ男性には見破れないのです。女性は、生まれながらにしての女優なのです。自分の射精のことで頭がいっぱいの男性に、わかろうはずもないでしょう。

女性側の理由はどうあれ、問題なのは、世の中の多くの男性が、イッたフリを〝お墨付き〟と勘違いして、実は間違ったテクニックであるにもかかわらず、同じ失敗を延々と繰り返していくことです。一度でも成功したとみるや、まるで〝万能のテクニック〟であるかのごとく頭にインプットしてしまうのです。女性の反応がイマイチだとしても、セックスパートナーが替わろうとも、一度きりの成功パターンを反復するのです。

本書でこの後紹介するテクニックは、かなりの汎用性《はんよう》があると自負するものばかりですが、それとて万能でも絶対無比でもありません。セックスはすべてが応用問題です。テクニックの基礎を学び、その基礎を基準として、女性の反応を注意深く観察しながら、微調整していくことが必要です。様々に変化する状況に対応していくために、基準となる正しいテクニックを学ぶのです。そして、臨機応変な微調整こそ、腕の見せ所なのです。このことは、セックスの達人と呼ばれる私も、今本書を手にされているあなたも、なんら変わらない基本原理です。

どうか、女性の〝イッたフリ〟に甘やかされることのないようにしてください。

〝男らしさ〟の誤解

女性の社会進出が進み、男女平等が必要以上に声高に叫ばれる今、日常生活の中で、世の男性が〝男らしさ〟を表現する機会に恵まれないことは事実です。原始時代なら、男は危険を承知で獰猛《どうもう》な野生動物と格闘して食料を確保したり、敵対する部族と命がけで戦ったことでしょう。戦時中なら愛する家族や女のために文字通り命をかけて戦地に赴《おもむ》きました。当時の女性たちが、このような男性の行動に男らしさを見ていたかどうかは私にはわかりませんが、そのようなイメージの〝男らしさ〟を現代の男性が発揮する場面はほとんど皆無でしょう。「女が強くなった」といわれて久しい今、男性はこのことを潜在的なコンプレックスとして抱えています。そのために、〝力が強い〟とか、〝荒々しい〟といった短絡的な男らしさのイメージがセックスに反映されてしまいがちです。

男性が男らしさを誤解している事例に、こんなことがありました。三〇代半ばのご夫婦なのですが、「オレは妻を十分に満足させている」と自信満々の旦那様に、Gスポットの愛撫をためしに実践してもらったときのことです。彼はなんと、無造作《むぞうさ》に奥様の膣《ちつ》に、指二本をズボッと入れてしまったのです。時間にして一秒足らずの出来事です。その瞬間、奥様は「痛いっ！」と悲鳴をあげられました。それでも、彼は構わず指を出し入れしているのです。客観的に見れば乱暴でしかない行為を、男らしさと履き違えているのです。これは決して極端な例ではありません。荒々しさや力強さを男らしさだと信じて疑わない男性は、乳房が腫れあがるほど強く揉んだり、AV男優のような荒々しいピストン運動に固執するのです。この間違ったセックス技術がカップルの間で軌道修正されない理由の一つに、女性も、男性の〝逞《たくま》しさ〟だと思い込んでいる点があります。本当は、痛いだけなのに、「こんなにがんばってくれているのだから、注文をつけたら可哀相」とか、「感じない自分に問題があるのかも」と、いつまで経っても単純な間違いに気がつきません。

しかし、男女平等とかジェンダーフリーなどといった、耳触りがいいだけで実体を伴わない言葉に惑わされることなく、確固たる事実として存在する〝性差〟や、男性と女性の性メカニズムへの理解が深まっていれば、現代社会において、セックスほど、男性が男らしく、女性が女らしくなれる空間はないのです。

東洋思想には、「五行思想」というものがあります。「木・火・土・金・水」の五つのカテゴリーで森羅万象を分類する考え方です。哲学的な解釈はここでは割愛しますが、五行思想では、男性は「火の性《しょう》」に、女性は「水の性」に分類されています。昔の思想家が、どれほどセックスに着眼したのか知る由もありませんが、私はこの的を射た分類に唸るばかりです。

男性は興奮すると火のようにすぐに燃え上がります。そして、射精するとすぐに炎が消えてしまいます。女性はこのように沸騰するまでにはある程度の時間がかかります。しかし、一度沸点に達するとなかなか温度は下がりません。男性と女性は、まさに火と水の性質そのままなのです。そして今、セックスに関して女性から不満の声ばかりが聞こえてくるのは、火と水の基本法則を男性が見逃しているからです。ヤカンに入った水をガスバーナーで一気にあぶっても、水はなかなか沸騰しませんよね。火の性である男性が、自分の性質のみに従い、〝強い火力〟＝〝男らしさ〟だと勘違いし、一気に燃え上がろうとするから、女性の性を沸騰させることができないでいるのです。

男らしさも女らしさも、パーソナルなもので、コレが男らしさだとか、コレが女らしさだと定義づけすることは私にもできません。しかしセックスを楽しむためのルールはあります。男性は愛する女性を宝物のように扱い、女性が官能する姿を美しいと思う心。女性は愛する男性のために、身も心も開いて優しく包み込んであげたいと思う心です。その中で、互いの男らしさや女らしさに気づき、育《はぐく》んでいくことがとても大切です。そのように、意識を少しシフトするだけで、互いの性欲を満たすことだけを考えてエゴをぶつけ合っていた時には決して起こらなかった変化が起きるようになります。

ベッドの上での〝本当の男らしさ〟を一言で表現するなら、それは〝優しさ〟です。女性をいたわり気遣う優しい気持ちが、カサカサに干上がってしまっている女性本来の〝女らしさ〟を蘇らせるきっかけにもなるのです。そして、女性の本来の女らしさに触れた時、男性はもっと女性に対して優しくなれます。これが、現代人の男性が忘れかけていた本当の男らしさです。

間違っても、激しいピストン運動は、男らしさではありません。激しいピストン運動は男性の射精を早め、女性の性を置き去りにするだけです。女性から男らしいと思われるどころか、逆に男の面目丸潰《まるつぶ》れの愚かな行為なのです。

女性はセックスが早く終わることを望んでいる

現代人のセックスの根源的な問題点は、セックスの所要時間の短さにあるといいました。前戯と合わせても二〇分足らずのセックスで、女性が満足するだけの快感を与えることはできません。たった二〇分で気持ちよくなることは、女性の性メカニズムから考えても不可能なことなのです。

二〇分という短い時間の原因は、男性にあります。決して男性は、セックスを早く終わらせたいと思っているのではありません。「とにかく早く射精したい」という、射精至上主義とでも呼ぶべき、本能に寄りかかったセックスが、結果、二〇分という時間になっているだけです。

ですから私は当然、ほとんどの女性は、「もっと長く愛してほしい」と思っていると考えていました。が、実は現実はそうでもなさそうなのです。

実際、知り合った女性に「私のセックスの平均時間は二時間以上」という話をすると、ほとんど「え～、長すぎる～」といわれます。その次の言葉は決まって「二時間も何やってるの?」です。私が、「お互いに愛撫し合って、気持ちいい時間を楽しんでいるよ」と説明しても、「口が疲れる～」「アソコが痛くなる～」「二時間もすることないし、耐えられない～」といった反応です。

彼女たちは、私のいう「二時間」に対して、〝ずっとフェラチオをさせられてる〟とか、〝ずっとピストン運動をされてる〟といったイメージしか持てないのです。女性からの愛撫というとそれはもうフェラチオでしかなく、セックスという言葉が持つイメージは、男性のピストン運動でしかないのです。そして、それが彼女たちにとって現在気持ちいい行為ではないから、「気持ちいい時間を楽しんでいる」という言葉が理解不能になるのです。

女性の性感帯は、それぞれ違う快感を持っています。それは女性の官能の変化として現れ、一つ一つ愛撫していき、様々な反応が見られることはセックスの大きな醍醐《だいごみ》味です。それが彼女たちのカラダには無数にあるのです。本来のセックスとは、映画や遊園地より何倍も楽しいものです。とても二時間では足りないくらいですし、実際、二時間などあっという間です。

けれども、「気持ちいい」を知らない女性たちにはそれがわかりません。セックスの快感は、自分で経験してみてはじめてわかることですから仕方がないのですが、私がとても残念に思うのは、彼女たちの言葉の端々から、セックスに対する〝あきらめ〟が感じられるということです。

もはや、彼女たちにとってのセックスとは、男性が気持ちよくなるためのお手伝い感覚でしかありません。だから、「とにかく早く終わってほしい」のです。

本来、男性も女性もスケベな生き物です。それが男性だけがスケベで、女性はそのスケベな男性を冷ややかに見ているという冷め切った構図は、男性にとっても女性にとっても、非常に不幸なことだとは思いませんか？

〝イク〟と〝感じる〟は別物

セックスで思うように満足感が得られない原因の一つが、〝イク〟ことと〝感じる〟ことの混同です。本当に多くの男女が誤解しているのですが、〝イク〟と〝感じる〟は、似て非なるものなのです。〝感じる〟の延長線上に〝イク〟があるという考え方も、セックスの快感を一面的にしか捉えていません。

私は、受講生にこの違いを説明する時、〝水の入ったコップ〟を例に出します。カラダが感じている状態は、コップに水が注がれて次第に水が溜《た》まっていっている状態のことです。そして、本当の意味での〝イク〟というのは、水がコップの上まで来て、最終的に表面張力の限界を超えて水がコップからこぼれ出す瞬間のことです。〝溜まっている〟と〝溢れ出す〟では、全然現象が違うことがわかりますよね。

では、〝コップの水〟をセックスに置き換えると何でしょうか？　これは、性的興奮や性的刺激によって発生するエネルギーです。私はこのエネルギーを〝性エネルギー〟と呼んでいます。

この言葉を使って、〝感じる〟と〝イク〟を改めて説明すると、〝感じる〟とは性エネルギーが充塡《じゅうてん》されている状態であり、〝イク〟とは、性エネルギーの爆発現象ということになるのです。男性の〝イク〟とは射精のことであり、女性の〝イク〟はオーガズムです。

男性も女性も、イクと気持ちいいですよね。確かにそうでしょう。けれども、過去の経験を思い返してみてください。同じ射精でも、すごく気持ちよかった〝満足のいく射精〟もあれば、あまり気持ちよくなかった〝虚しい射精〟もありませんか？　この違いが起きる原因が、〝イク〟という爆発現象の直前までに溜まっている性エネルギー量の違いにあるのです。

男性であればペニスを手で激しくしごけば、女性ならピンクローターでクリトリスに強烈な振動を与えれば、人によっては一分足らずで〝イク〟に到達できるでしょう。しかし、これは、まだコップの下のほうにしか水が溜まっていないのに、コップを傾けて強制的に水をこぼしているようなものだと理解してください。多少はスッキリするでしょうが、本当に心から満足のいく快楽とはほど遠いものなのです。

〝感じる〟と、〝イク〟の違いがおわかりいただけたでしょうか？　私が提唱するスローセックスは、愛する男女が時間を忘れて感じることを楽しむことで、性エネルギーの総量を限界まで高めていくセックスです。自然と、セックスにかける時間も、二時間、三時間は当たり前の世界になります。当然、性エネルギーはコップになみなみと溜まることになり、自然と爆発現象に至るというわけです。〝イク〟は「目的」ではなく、セックスの醍醐味である〝感じる〟を楽しんだ二人へのご褒美《ほうび》という「結果」なのです。

さて、ここからです。今、私は性エネルギーが溜まる容器を〝コップ〟で説明しました。ジャンクセックスに慣れ親しんでしまった現代人の容器は、実際コップほどの小さな容器でしかありません。けれども、目的を〝イク〟から〝感じる〟にシフトしたスローセックスを実践していくことで、容器は大きくなっていくのです。女性の快感は底なしなどといわれますが、この言葉は真実で、男性の正しい愛撫テクニックによって、女性の容器は、コップからバケツ、バケツからドラム缶へとどんどん大きくなっていきます。もう無限大です。巨大ダムほどの大きさにまで膨張した容器になみなみと貯水された性エネルギーが、ダムの決壊のごとく一気に溢れ出す様子をイメージしてください。コップとダムでは、もはや比較にもなりません。男性には想像もつかない超絶の爆発現象が、女性には現実に起こり得るのです。これが、女性の持つすばらしいポテンシャルです。そして肝心なことは、このポテンシャルはすべての女性に平等に与えられているということです。

女性たちからセックスに対する不満の声が多いのは、男性が女性の持つ〝小さなコップ〟にさえ水を満足に溜めてあげられなかったからです。すべては、これまでのセックステクニックと、男性がセックスに臨《のぞ》む姿勢が、いかに間違っていたかということに他なりません。

男も知らない射精のメカニズム

では、射精という現象はなぜ起きるのでしょうか？　本項では、男性自身も知っているようで知らない、射精のメカニズムについてご説明したいと思います。

男性のマスターベーションを思い出してください。利き手でペニス全体を上下にしごくという方法が一般的ですよね。亀頭の先端は竿の部分の皮と亀頭の裏側にある〝縫い目〟で繋《つな》がっています。そのため、マスターベーションの時、手のピストン運動によって竿の皮が上下に動くことに連動して亀頭の先端がリズミカルに振動します。実は、このリズミカルな刺激が脳に伝達され、ある一定回数に達した時、脳が射精のスイッチを押して、射精に至るのです。

前項で、〝感じる〟と〝イク〟は違うことを学びました。男性の〝イク〟である射精も、単に「気持ちいいから」起きているのではなく、射精のスイッチが入るから射精するのです。つまり、射精スイッチが押されるタイミングが、性エネルギーが十分に充塡されていれば〝満足のいく射精〟になるし、不十分なら〝虚しい射精〟になるということです。

一般男性に足りないのは、ペニスを〝感じさせる〟という概念です。女性のように、底なしの快感というわけにはいきませんが、男性も、〝感じる〟ことを楽しんで、性エネルギーの増大を図れば、女性のように絶叫してしまうような強い射精の快感を得ることができるようになります。

まずは、今説明した射精のメカニズムをよーく理解することです。それだけでも、セックスの時の腰使いにもっと意識が及ぶようになるでしょう。

しかし、ジャンクセックスに馴染《なじ》んだ男性は、「早くイキたい」という気持ちがどうしても先行してしまいます。受講生からもよく相談されるのですが、頭では、「性エネルギーを溜めたほうが気持ちいい」ということを理解したつもりでも、少し気持ちよくなって興奮してくると、「早くイキたい」が勝ってしまい、後は野となれ山となれで、今まで通りの激しいピストン運動に逆戻りしてしまうというのです。

〝感じる〟ことを楽しんで、本当の快感を得るためには、ジャンク化した頭とペニスを再教育する必要があります。そのためには、マスターベーションの方法を変えることが近道になります。

ここで紹介する二つのマスターベーション法は、もっとも性感が集中している亀頭への愛撫法です。亀頭の先端をリズミカルに振動させない愛撫法ですので、射精スイッチが入ることなく、長い時間快感を楽しみながら、性エネルギーが増大していく感覚を体感することができます。

実践の前には、潤滑油としてザ・ボディショップなどで市販されているマッサージ用オイルを用意してください。ここではローションは使用しません。マッサージ用オイルのほうが、はるかに亀頭の性感にマッチした摩擦係数を得ることができるからです。

●ロール亀頭愛撫法

1 ペニスと亀頭を握る手のひらにオイルを塗る。

2 利き手と反対の手でペニスの根本を押さえ、亀頭に皮が被らないように固定する。

3 手のひらの中心部を亀頭に密着させて、手のひらが亀頭の周辺を一周するようにローリングさせて、亀頭の表、側面、裏側をゆっくりと擦っていく。

4 3の動きを繰り返す。

ポイントは、手のひらと亀頭の密着面積をなるべく大きくすることと、ローリングの際に、亀頭と手のひらが離れないようにすること。手のひらの中心部には、性エネルギーを放出するツボがあり、摩擦と性エネルギーの相乗効果で、快感がどんどん増大していきます。

●指しぼり亀頭愛撫法

1　利き手を軽く握って輪を作る。
2　亀頭の先端からその輪をゆっくり下ろしながら、輪がカリの部分を通りすぎるまでゆっくりと丁寧に亀頭を擦る。
3　ペニスの皮が亀頭に被らないように注意しながら、ゆっくりと輪を上げていき亀頭を擦る。
4　2と3の愛撫を繰り返す。

今、紹介した二つのマスターベーションは、イクことではなく、感じることが目的です。ゆったりとした気持ちで行ってください。いつものようにペニスを手でしごきたくなる気持ちを抑え、イキそうになったら指の動きを止めるなどして、最低でも一五分以上続けるようにしてください。数分でスッキリさせていた今までのマスターベーションとはまったく違った、恍惚《こうこつ》の快感を味わうことができるはずです。

この、官能の海に沈んでいくような濃密な感覚こそ、本来セックスで楽しむべき快感なのです。そしてマスターベーションとは違って、二人の性エネルギーが融合するセックスでは、より深海でのたゆたうような浮遊感を楽しむことができます。拙速《せっそく》な射精、拙速なオーガズムでは、決して味わうことのできない深い官能の入口を、ぜひ正しいマスターベーションで体感してください。

また、時間をかけてマスターベーションを楽しむことは、ペニスの強化にも繋がります。持久力に自信のない男性は、早漏克服のトレーニング法としてもお役立てください。

正しい〝指入れ〟の方法

膣の中を指で愛撫されることを怖がる女性が、急増しています。一番の原因は、やはりAVの〝潮吹き〟ブームです。自分の彼女や奥さんに無理矢理潮を吹かせようと、AV男優の指使いを模倣《もほう》する男性たちが、多くの女性の膣壁を爪で掻《か》いて出血させ、トラウマを生み続けています。間違っても、膣の中を指で激しく掻き出すような動きをしてはいけません。それは、とても危険な行為です。

ただ、女性の膣は正しく愛撫すれば、非常に優秀な性感帯です。具体的なテクニックは第四章で述べますが、ここでは、経験が浅い女性、膣の入口が狭い女性、トラウマのある女性たちに不安や痛い思いをさせない〝正しい指の挿入方法〟をご教授したいと思います。

膣の中を愛撫する際にまず用意するものは、ザ・ボディショップなどで市販されているマッサージ用オイルです。そして今日から、セックスの時は、マッサージ用オイルを使用することを常としてください。女性の膣からは潤滑油として愛液が分泌されますが、その量は個人差があってまちまちですし、愛液はずっと出続けるものではありません。最初は十分に潤っていたとしても、途中で乾いてくることもあります。女性のカラダに対する知識として覚えてほしいのは、愛液の量は〝感じている・感じていない〟のバロメーターではないということです。適切な愛撫を継続して行うためにも、マッサージ用オイルは必需品なのです。

また、唾液を潤滑油代わりに使う男性が多いのですが、これも今日からやめましょう。唾液はすぐに乾きますし、乾いてくると不快なにおいを発し、きれい好きな女性の気分を減退させます。

さて、正しい挿入方法です。まずポジションは脚をM字に開いた女性の正面に座ります。そして人差し指と中指を揃えた二本を挿入していくのですが、まずは、指の先を膣口にあてがいます。そして反対の手の親指の腹を使って、左右どちらかの小陰唇を外側に引っ張るようにして優しく膣口を広げて、ゆっくりと一センチだけ挿入します。同じ要領で、反対側の小陰唇を外側に引っ張りながら、また一センチ挿入します。これを何度か繰り返しながら、根本まで入れてください。

ポイントは、揃えた二本の指を、手のひらを上にして、そのまま膣に対して平行に挿入していくことです。よく、指をスクリューのように左右に回転させながらねじりこむ男性がいますが、これは女性に恐怖心と痛みを与えるので、絶対にやってはいけません。

女性のカラダは男性から愛されるためにある

私は立場上、女性の裸体に触れる機会は多いのですが、見れば見るほど「女性の裸体はなんて美しいんだ」と感嘆します。私は決してオッパイ星人ではないのですが、もう服の上から胸の膨らみを見るだけでドキドキします。実家に里帰りした時に社会見学も兼ねてストリップを見に行くことがあります。そこで、カブリツキと呼ばれる一番前の席で、おじいちゃんが目をギラギラさせて若い女性のハダカに見入っている微笑ましい光景を目の当たりにします。女性のカラダの曲線美や、女性独特の滑らかな肌の質感にこんなにも魅了されるのは、男性のＤＮＡに刻み込まれた宿命なのだ、とつくづく実感します。孫悟空の頭の輪っかのごとく、逃れられないものなのです。

ここまでは、あなたも何の異存もないでしょう。しかし、セックスで女性を満足させていない男性が知らないのは、女性の美とは、〝愛されてさらに輝きを増していく〟という事実です。正しい知識と正しい技術で女性に愛撫を行えば、女性たちは、日常で見せている姿かたちからは想像もできない、まったく別の表情を見せてくれるのです。普段は清楚でおとなしそうなタイプの女性が大胆に乱れ、知的な印象の女性が、知性のカケラも感じられないような卑猥《ひわい》な言葉を吐き、貞淑《ていしゅく》を絵に描いたような人妻がエロティックに舞い踊る痴態といった美しき別人格への変態を、私は何度も何度もこの目で見てきました。男性からの愛撫によってのけぞり、身をよじり、時に小刻みな痙攣を伴いながら、刻一刻と形と表情を変化させていく女性の裸体は、思わず息を飲むほど美しいのです。それはもう、いやらしいなどといった俗っぽい言葉を超越した、神々《こうごう》しいまでの美しさです。輝くのは何も、肉体だけではありません。女性は、男性の愛撫で感じるほどに、優しさ、繊細さ、気配り、慰安する力といった、女性ならではの能力が発酵熟成されていくのです。

女性の全身にある無数の性感帯のすべてを愛撫できるのは男性だけです。その事実だけをもってしても、女性は〝愛されるために生まれてきた生命体〟であると思うのです。そう考えるより以外、こんなにも男性と性感の数もレベルも違うことの説明がつかないのです。気持ちいいセックスは、女性の美を今以上に輝かせる最善策です。そして、女性のカラダに内蔵されている、いわば〝美の装置〟を作動させるのは、男に与えられた使命だということです。

セックス以前の愛撫の常識

セックスは脳でするものです。女性も脳が敏感になって感じやすいカラダに変化すると、肘《ひじ》やくるぶしやスネ、果ては鼻の穴まで感じるようになります。まさに全身性感帯です。性感帯のことを〝ツボ〟といういい方をすることがありますが、女性の性感帯の数の多さは、東洋医学のツボの数など比ではありません。小宇宙の星の数ほど、全身にちりばめられているのです。

さて、女性には無数の性感帯が存在するということは、セックス経験の浅い男性でも知識としてはご存知でしょう。けれども、男性はもちろん、女性本人さえも意識と理解が及んでいないのは、その無数に存在する性感帯の一つ一つの感じ方がすべて違うということなのです。耳の穴と鼻の穴ではまったく違いますし、手の指と足の指でも違いますし、同じ足の指でも親指と小指ではまったく違う感じ方をするのです。それは愛撫している時のリアクションに如実《にょじつ》に現れます。微かに吐息が漏れるような淡い快感、勝手に腰が動き出してしまうほのかな快感、「アーン」という声が出てしまうほどの突き動かされる快感、「ギャーギャー」

と動物的な喘ぎ声が出てしまう激しい快感、声も出なくなってしまう強烈な快感、弓なりにのけぞってしまうような絶頂の快感など、本当に様々です。先に、セックスは交響曲であるといいましたが、女性のカラダとは、全身にあらゆる音色の楽器が分布しているようなものなのです。この楽器の配列は女性によってまったく異なりますし、同じ女性の同じ性感帯でも、愛撫の方法一つで反応がガラリと変わってきます。

イク時にせいぜい「ウッ」という声が漏れる程度の男性の性感とは、激烈に違うカラダを神様は女性に与えたのです。

セックスは変化に富んでいます。女性の性感帯が物語るように、様々な種類の快感を楽しむことこそセックスの醍醐味なのです。クリトリスを一点集中攻撃すれば、女性は気持ちよくなります。けれども、いかにその時のクリトリス愛撫テクニックが、その女性にとって気持ちいい行為だとしても、ワンパターンの刺激で得られる快感には限界があるのです。手のひらを指でなぞられた時の淡い快感や、耳に息を吹きかけられた時のゾクゾクするような快感、恥骨に振動を与えられた時の狂おしいような快感など、味わいの違う色々な種類の刺激が次々と脳に伝達されることで、豊かな快感のバリエーションが複合されて、新たなる高レベルの性感へと転換されていくのです。

ピアノの演奏でも、片手で弾くのと両手を使ってさらに足が加わるのでは、演奏できる楽曲の種類も、表現の豊かさも全然違ってきますよね。セックスにもまったく同じことがいえるのです。

　というと、「そんなことは百も承知。いまさらいわれなくても、女性のカラダのいろんなところを舐《な》めたり触ったりしているよ」という男性もいるでしょう。しかし、実際問題として、今、一般の男性が行っている愛撫法は間違っているのです。

　何がダメなのか？　実は、テクニック云々以前に、一つの性感帯にかける愛撫の〝所要時間〟と、全身の性感帯を愛撫していく際の〝順番〟が間違っているのです。

「百も承知」という男性に伺います。どのように色々愛撫していますか？　おそらく、言葉にすると、「あっちをチョコチョコ、こっちをチョコチョコ」ではありませんか？　要するに男性が触りたいところを欲望と好奇心の赴くままに、ただ漠然と触っているだけなのです。

　女性を感じさせるためには、つまり性感帯の感受性をアップさせて性的快感に敏感にさせるためのメソッドは、〝一つの性感帯に超ソフトな刺激を一定時間以上継続して与える〟ことです。〝一定時間〟の目安は、三〜五分。水を沸騰させるには、最低でもこれくらいは必要なのであって、ハッキリ申し上げて、チョコチョコの愛撫はほぼ無意味なのです。

　当スクールを受講される女性たちは、くるぶしならくるぶしを、鎖骨なら鎖骨を入念に愛撫されるので、皆さん一様に感動されます。

「あ～、ソコがそんなに気持ちいいなんて知りませんでした。だって、そんなに長い時間愛撫をしてもらったの、はじめてなんです」と、声を揃えるのです。

まさに、一般の男性のほとんどが〝チョコチョコ愛撫〟である証拠ではありませんか。

次に愛撫していく順番について。当スクールで実際に講習している愛撫の順番を簡単に紹介しましょう。

まず髪の毛の愛撫から始めます。そして、顔への愛撫、肩から腕、指先、その後、脇腹を通って腰、背中、肩甲骨《けんこう》、それから臀部《でん》へと、カラダの背面すべての性感帯を愛撫したのち、やっと女性のカラダの表面に移ります。表面に移行しても、敏感な乳首はシリーズの後半に残して、最高の感度まで感受性が高まるまでじらして……、といった具合です。

たとえば、愛撫を髪の毛から始めるのは、淡い快感に快感センサーをチューニングするためですし、背面の愛撫が腰からスタートするのは、腰には〝仙骨〟という性エネルギーを造成し蓄積するツボがあるため。足の愛撫をつま先、ふくらはぎ、太腿《ふともも》の順に行うのは、性エネルギーを下から上、子宮方向に流すことで、より女性の感度をアップさせるためです。

このように、性感帯を愛撫していく順番には、女性の性メカニズムと心理学に基づいたちゃんとした意味と目的があるのです。

けれども、受講男性からはたびたびこんな質問を受けます。

「あのー、時間がない時は、どこを省略すればいいんですか?」

女性を悦《よろこ》ばせたいと、そのテクニックを学ぶことを目的に受講した男性にしてこうです。興味の対象は、一極的なテクニックのことばかり。女性をイカせたことがないという一般男性のすべてに共通するのは、あまりにも戦略がないということ。どんなに正しい技術も、使い方が間違っていれば、その効果は激減してしまうのです。

戦略なき戦術（テクニック）の無意味さを、男性はもっと知るべきです。

「くすぐったい」は「気持ちいい」の登山口

「前戯の時、いつも彼女にくすぐったがれてしまいます。何がいけないのでしょうか?」

初級クラスの男性受講生からよく受ける相談です。

まず指摘しなければならないのは、女性に愛撫を試《こころ》みた時、自分が期待していたような反応が返ってこないと、「あー、俺はダメだぁ」と、すぐに心が折れてしまうチキンハートの男性が多すぎるということです。少し触ったり舐めたりしたくらいで、すぐさまAV女優のような淫乱リアクションがあると思うのが、都合のよすぎる妄想であることに、そろそろ男性は気がつかなければいけません。

そもそも、女性の「くすぐったい」を、ダメな反応のように思ってしまうことが間違いの始まりです。「くすぐったい」は、皮膚への刺激が脳にちゃんと伝わっている証拠で、「気持ちいい」に変化する前の段階なのです。私は、このような女性と出会うと、内心「しめた‼」と思います。

ちなみに、女性の中にはごく少数ですが、生まれながらにして感じることができない〝完全不感症〟の方がいらっしゃいます。彼女たちは、カラダのどこを触っても、何の反応も返ってきません。

「くすぐったい」に限らず、何かしらの反応があるということ自体が、「気持ちいい」の登山口です。男性は、責任を持って頂《いただき》を制覇しなければ、それこそ男の名折れというものです。女性のカラダは鍋料理と同じです。火加減や味加減を小まめに調整しながら、時間をかけてコトコトと煮るように、じっくりと丹念な愛撫を続けることで、「美味しいカラダ」になっていくのです。

女性の口から「くすぐったい」が出たぐらいで、日和《ひよ》っている場合ではありません。逆に、「ヨーシ」と小さくガッツポーズしてもいいくらいの場面なのです。

しかしながら、女性が嫌がっているのに、「くすぐったいところは、性感帯の卵なんだから」と、ごり押ししてはいけません。それは逆効果になるだけ。恋愛と同じで、性感帯の攻略も押し引きが大切なポイントです。

女性がくすぐったがる原因は、皮膚の過敏さに対して、それを受信する脳の準備がまだ整っていないことによるアンバランスさによるものです。わかりやすくいえば、エッチモードに入っていないために、〝性感帯の卵〟が卵のままということです。女性をエッチモードに移行させるには、導入としてまず、リラックス状態にしなければいけません。

そこで、おすすめのテクニックがあります。

それが、〝パームタッチ愛撫法〟。パームとは手のひらという意味で、文字通り手のひらを使った愛撫法です。ぐずる赤ちゃんの背中やお腹をママが手で優しくさすると、不思議と泣きやみますよね。原理はこれと同じです。手のひらでのマッサージは、大人の女性にもリラックス効果絶大なのです。けれども、闇雲《やみくも》に手のひらで撫で回せばいいというわけではありません。ちゃんとテクニックが存在します。

基本は、手のひらの窪みの部分を女性の肌にピタッと密着させることです。ここが肝心で、手のひら全体の密着感とやや強めのタッチ圧がポイントです。手のひら全体が〝吸盤〟になったようなイメージを持つといいでしょう。そして、ゆったりと右回りで大きな円を描くように、女性の背中や、お腹から脇腹の広い面積の部分を撫でてください。

より実践的な解説に移ります。

ベッドの上で、添い寝の体勢で男性が手を伸ばして愛撫していきますが、できれば女性をうつぶせにし、背面愛撫から始めるといいでしょう。背中、臀部（お尻）、そして太腿の裏側に、ゆっくりと大きな円を描きます。この時、市販のベビーパウダーを使用すると、リラックス効果はさらに促進されます。女性が仰向けの場合も要領は同じです。腹部から脇腹、胸元にかけて、そして太腿へと、ゆったりとした動きでマッサージを続けてください。変な下心を出して、中途半端に指先を使ってはいけません。手のひらは肌にピッタリと密着させたままです。あくまでもパームタッチの本道は女性のリラックスにあります。

女性が十分にリラックスモードに入れば、パームタッチでも淡い官能を示してきます。ここがくすぐったいを快感に変えるチャンスタイム。後述するアダムタッチに、スーッとシフトしましょう。しかしこの段階では焦りは禁物。パームタッチを三回やって、アダムタッチ一回、そしてまたパームタッチという具合に、女性の反応を見ながら適宜《てきぎ》織り交ぜていきましょう。ここまでくれば、性感帯の卵が孵化《ふか》するのは、時間の問題です。

また、パームタッチは、ベッド限定のテクニックではありません。普段の生活の中で、服の上からでいいので、女性の背中や腰に日常的にパームタッチを施して、〝男性に触れること〟に女性のカラダを慣らしておくことです。そうすることで、いざという時、〝リラックスモード〟から〝エッチモード〟への移行が、かなりスムーズになるはずです。

女性も男性の官能する姿に興奮する

〝男は責め、女性は受け身〟がセックスの常識と信じて疑わない男性の中には、女性からの愛撫の申し出を極端に嫌がる人がいます。また、愛撫を受けて、それがとても気持ちいいものでも、なんというか、意地でも〝感じてないフリ〟を貫こうという頑固者もいるようです。

日本男児たるもの、少々気持ちよかったからといって、女のようにギャーギャー騒ぎ立てるのはみっともない。そんなのは男らしくない。そんなところでしょうか？

自分は女性の感じる姿を見たいのに、女性には自分が感じているところを見せないというのは、とても不公平ですし、セックスを楽しむという観点からも、とてももったいないことです。なぜなら、女性も男性の感じている姿を見れば、興奮が高まるのです。興奮が高まるということは、脳が性的な刺激に敏感になるということですから、女性の感度がアップします。巡り巡って、男性にとって喜ばしい結果をもたらすのです。

逆に、本当は女性からの責めを求めているのに、彼女がちっとも応じてくれない、という不満を持っている男性も多いでしょう。私は、ここではっきりと断言しておきますが、女性が心から気持ちいいと思うセックスを提供してあげれば、男性が何も頼んでなくても、女性のほうからどんどんエッチなことをしてくれるようになります。

本来、人間は男も女も、他の動物さんたちには恥ずかしくて見せられないくらいスケベな生き物なのです。それでは日常生活が送れないので、普段は理性で抑えているのですが、男性は理性がはずれやすく、女性は理性がはずれにくいという差があるだけです。

女性の理性がはずれるほどの快感や悦びを、男性が与えていないから、女性はベッドの上に、日常的な理性を持ち込んでしまっているだけなのです。

心ない言葉で傷つく女性たち

女性からの度重なる告発によって、徐々にその実態が浮き彫りになってきたのですが、一般男性が、デリカシーの欠片《かけら》も感じられない言葉で女性を傷つけているケースが少なくありません。

「おまえ、不感症じゃないの?」「なんか、感度悪くない?」「なんでこんなに一所懸命してやってるのにイカないんだよッ」……。活字にするのがはばかられるほど酷《ひど》い言葉が、まだまだあります。

私は、同じ男性として恥ずかしく思うと同時に、強い怒りと憤りを感じます。

象徴的な事例を紹介します。旦那様が五五歳、奥様五二歳という結婚されて二〇年のご夫婦でした。奥様が不感症ということで受講されたのですが、私がマッサージを施してみると、不感症どころか、男ならこんな女性は手放したくないと思うほど妖艶《ようえん》に官能し、絶頂を繰り返しました。旦那様は、その間ずっと奥様の手を握り、今まで見たこともない妻の恍惚の表情に唖然《あぜん》とするばかりです。この旦那様は、二〇年間も奥様の性感帯を知らないでいたのです。断っておきますが、セックスレス夫婦ではありません。むしろ同年齢の一般のご夫婦よりも夜の営みは多いほうでしょう。にもかかわらず、旦那様は「自分の妻は不感症ではないのか？」と疑い続け、奥様は「私のカラダは異常なのではないか？」と悩み続けてこられたのです。二〇年間も！　ちなみに、旦那様のご職業は産婦人科医です。

私は何度でもいいます。すべての女性のカラダは感じるようにできています。それを感じさせられないのは、男性の無知と稚拙なテクニックが原因なのです。百歩譲って、テクニック不足には目を瞑《つぶ》りましょう。しかし、どんなにテクニックがなくとも、どんなに女性の性について無知でも、男性に女性を思いやる気持ちがあれば、女性に不満を持たれることはあれ、女性を傷つけることはないのです。それを、自分のお粗末さを棚に上げて、女性を酷い言葉で傷つけるなど、言語道断です。

女性は男性が考える以上にデリケートです。特に日本の女性は、自分の不安や悩みを内側に抱え込んでしまうタイプが多いので、男性にしてみれば何気ない言葉であっても、深く傷ついてしまうのです。一度傷ついた心は、なかなか治りません。それは結局、女性が男性やセックスや自分の性に対して心を閉ざしてしまうということです。当然のことながら、心に傷を持った女性は、それ以前よりも感じにくくなります。それだけではありません。セックスを楽しむという人間なら誰もが平等に与えられた権利と自由を奪うということです。

セックスのたびに、女性に「気持ちよかった？　ねぇ、イッた？」と、執拗《しつよう》に聞く男性も、タイプとしては同類です。自分のセックスに対する自信のなさの裏返しなのでしょうが、聞かれた女性のほうの身になってください。面と向かって聞かれたら、全然気持ちよくなくても、「よかったよ」「うん、イッたよ」と答えるしかないのです。

人類の平和のためにも、男性の自己満足のためだけのセックスは、そろそろ終わりにしなければなりません。

大丈夫です。私が間違いだらけのセックスに終止符を打って差し上げます。

第三章　スローセックスのすすめ

射精を放棄することから始めよう

何のためにセックスをするのか？

それは、セックスが気持ちいいからです。しかしながら、一般の男性たちが、その〝気持ちいい〟を、セックスで確実に手にしているかといえば、甚《はなは》だ疑問です。

ここまで、間違いだらけの現状のセックスについて、そしていわばジャンクセックスに起因する女性たちの不満を指摘してきました。

けれども、私が本書でもっとも言及したいことは、セックスが気持ちいいことだと思っている男性のほとんどが、本当のセックスの気持ちよさや快感を享受《きょうじゅ》できていないということです。

「もっと気持ちいいセックスがしたい！」

このことは、多くの男性が潜在的な欲求として、きっと感じていることだと思います。したいと思っていながら、なぜ実現できていないのか？　それは、セックスをする〝目的〟が間違っているからです。そのボタンの掛け違いによって、セックスのテクニックも間違いだらけになり、本来のセックスの楽しみを知らないでいるのです。

既存の、いわば〝ジャンクセックス〟の最大の間違いは、セックスの第一目的が、〝射精〟になっていることです。「セックスなんだから、射精するのは当たり前じゃないか？」と思われるかもしれません。しかし、よく考えてみてください。男女の性を比較した時、男性の射精とは、「単純で平坦」な快感であり、対する女性の絶頂は、「複雑で高次元」です。このまったく違う二つの歯車がいかにかみ合うかがセックスの醍醐味《だいごみ》であり、また難しさでもあるのです。男性だけでなく女性までもが、「男性が射精したら終わり」と思って疑わない現状のセックスで、二つの歯車がかみ合っているとは到底思えません。

「とにかく早く入れて、早く射精したい」という男性の本能が、セックスの所要時間を短縮させるのは必然です。けれども、女性が本当の快感を得るには、今の〝男性時間〟では短すぎるのです。結果、女性の〝性〟を置き去りにしてしまっているのです。男性の歯車だけが猛烈に回転して、女性の歯車が空回りしているような状態だと思ってください。

男性が射精を第一目的とする限り、女性は歯車をフル回転させることはできないのです。このことは、女性だけが不幸なのではありません。女性が官能の海に溺れ、理性をかなぐり捨ててひたすら快感を貪《むさぼ》る中で、刻一刻と変化していく淫《みだ》らで美しく劇的な姿を見ることができないことは、男性にとっても強烈に不幸なことです。

当スクールでは、男性受講生に、まず「射精の放棄」を命じます。

私がこういうと、ほとんどの男性は動きが止まります。「エッ、射精をしない？」何をいわれているのかわからないのですね。一様にポカンと口を開けたまま唖然《あぜん》呆然《ぼうぜん》というのが平均的なリアクションです。

射精するのが当たり前と思っているのですから、驚かれるのも当然でしょう。このリアクションは、一般男性のほとんどが射精を目的としていることの裏返しです。けれども、射精の放棄こそが、従来のセックスでは得られなかった、そして知りえなかった快感と快楽と幸福を手にすることができるスローセックスの第一歩なのです。

「理想的なセックス」とは何でしょうか？　それは、男性も女性もお互いに満足するセックスです。それは、時間を忘れて、互いに快楽を貪り合うことです。この「時間を忘れて」というのがセックスを楽しむためにはとても重要なメソッドなのです。そのためには、セックスから、〝射精〟という区切りを取り除く必要があるのです。

断っておきますが、私は射精を〝悪〟だといっているのではありません。そして、絶対に射精してはいけないということでもありません。射精なしのセックスを強要するのは、男性にとって酷《こく》というものです。けれども、ジャンクセックスの毒に侵された頭とカラダを、本当のセックスが楽しめる状態に矯正していくには、〝射精の放棄〟というくらいの強烈なインパクトが必要なのです。〝射精〟という区切りをなくし、時間を忘れ、精神を解放して官能世界に没頭することで、高レベルな快感を長時間にわたって貪ることが可能になるのです。射精というこだわりを捨てて、射精を目的としないセックスを実践してはじめて見えてくる世界があることを知ってほしいのです。

射精は、愛し合うカップルが十分に本当のセックスを楽しんだ後の、オマケ程度に考えるくらいでちょうどいいのです。オマケといっても、私が提唱するスローセックスを実践したうえでのオマケは、ジャンクセックスの射精で得られる快感の比ではないことを明確に記しておきます。

イカせようとしないセックスとは

男性が射精にこだわるように、女性もまた「イク」ことにこだわりがちです。私たちはよく「結果よりも過程が大事」「結果がすべて」という二つのことを口にします。アメリカの新自由主義に侵食された今の日本では、どうやらセックスにおいては後者に分があるようです。

男性の過剰な射精へのこだわりが、セックスをつまらないものにしているように、女性の「イク」ことへの必要以上のこだわりは、セックスを純粋に楽しむうえでの大きな落とし穴になっているのです。

ジャンクセックスの一つのパターンを紹介しましょう。

フェラチオで気持ちよくしてもらって、そのお返しにクンニリングスで女性をイカせて、最後は膣《ちつ》に挿入して気持ちよく射精する。

女性もイッて、男性もイク。お互いに〝イク〟を実現できているため、現状のセックスの現場では、及第点がもらえるセックスということになっていますが、私にいわせれば、これはセックスではなく、二人でするマスターベーションです。男性も女性も、〝イク〟ことがセックスの目的だと思っているから、セックスがこんな薄っぺらい行為に成り下がってしまっているのです。本当にこんなセックスが楽しいですか？　気持ちいいですか？　一夜限りの相手なら、これでもそれなりに満足できるのかもしれません。けれども、恋人同士や夫婦といった特定のパートナー間でのセックスがこんな軽薄でワンパターンな繰り返しでは、飽きるのも時間の問題でしょう。

前章の「〝イク〟と〝感じる〟は別物」の項でも触れましたが、〝イク〟だけなら、男性ならペニスを手で激しくしごけば、女性なら舌でクリトリスを小刻みに刺激すれば、比較的簡単に手に入れることができます。

要するに、初級者のセックスです。〝イク〟をあまり経験していない、一〇代の男女が〝イク〟という快感に夢中になるのはある意味仕方のないことでしょう。けれども、成熟した大人の男性であれば、もっと高次元のセックスを目指さなければなりません。一瞬の快楽でしかない射精へのこだわりを捨てて、男性の知恵と技術次第で、無限大の快楽を女性に与えることができる〝感じる〟に軸足を置くことが、あなたのセックステクニックを飛躍的に向上させることになるのです。それが、女性側からの〝魅力的な大人の男性〟という評価に繋《つな》がることはいうまでもありません。

男性にしても、女性をイカせることにこだわりすぎです。もちろん、女性を気持ちよくさせたいと思うこと自体は決して悪いことではありません。問題は、その気持ちに女性の性メカニズムに関する知識とテクニックが追いついていないということです。これまでにも指摘してきましたが、「強い刺激ほど感じる」という間違った知識しか持たない男性たちは、女性をイカせようと、それこそ必死でクリトリスや膣を激しく愛撫してしまう傾向があります。気持ちいいどころか、女性に苦痛を与えかねません。もちろん女性の中には、私にいわせれば乱暴でしかない愛撫でも、イクことのできる高感度な女性もいます。しかし、男性は、間違ったテクニックによる〝イク〟の快感レベルは、その女性がマスターベーションで得ている快感と大差ないということを知っておくべきです。

私は、仕事柄数多くの女性から話を聞きますが、「彼には絶対いえないけど、本当は彼とのセックスよりマスターベーションのほうが気持ちいい」という女性がなんと多いことか。もちろん彼女たちは、私のオーガズムテクニックを経験することによって、セックスとマスターベーションを比較すること自体が間違いであることを知るのですが、現状のジャンクセックスでは、男性たちの未熟な指使いよりも、ツボを知り尽くした自分の指先のほうがテクニシャンだと思うのも無理はない話なのです。

では、どうすれば、女性に高レベルな〝イク〟を与えられるのでしょうか?

そう問われた時私は、「女性をイカせようとしないことです」と答えます。私は禅問答をしているのではありません。一般男性が耳にすることができない、女性のヒソヒソ話を一つご紹介しましょう。

「イカせてくれようとして一所懸命なのはわかるんだけど、目を血走らせてクンニリングスしてる彼の必死の形相を見ると、正直引いてしまいます」

再三進言しているように、女性の心とカラダはとてもデリケートです。無理にイカせようと躍起《やっき》になるほど、女性の気持ちには負荷がかかり、閉じる方向に向かってしまうのです。「イカせてやろう」から「ずっと感じさせてあげよう」に思考をシフトさせることが、女性の性メカニズムとマッチした愛撫を実現するのです。

具体的なテクニックは後述しますが、この意識改革だけでも、それができた瞬間に、あなたのセックステクニックは確実にワンランクレベルアップします。

〝前戯〟の廃止と〝愛戯〟の提唱

お互いに時間を忘れてセックスを楽しむことがスローセックスの大切な約束事の一つです。女性の性感の歯車が回り始めるには、男性のそれよりも長い時間が必要ですし、〝時間を気にしなくていい〟というゆとりが心をリラックスさせて、愛撫を効率的に快感に変化させるカラダに誘導してくれるのです。

そこで私が問題にしたいのは、現在、一般的に使われている〝前戯〟というセックス用語です。セックス記事などでも頻繁《ひんぱん》に見かける、「最低、一五分以上は前戯してほしい（二六歳・OL）」みたいな使われ方でしょうか。

人間は、よくも悪くも言葉の持つイメージから物事を考え行動します。前戯はどうでしょうか？　ほとんどの男性は、前戯という行為に対して、知らず知らずのうちに、「膣にペニスを挿入する〝前〟の準備」というイメージを植えつけられてしまっているのです。そして、前戯↓挿入↓射精という段取り化されたセックスが、あたかもセックスの正しい手順であるかのように思い込んでしまっているのです。女性を感じさせたい、イカせたいと多くの男性が熱望しているにもかかわらず、前戯がまるで挿入前の儀礼的行為になってしまっている男性が多いのも、この誤った固定概念が、セックスから自由と快楽を奪っているからに他なりません。少し乱暴ないい方をすれば、たった五分の前戯で挿入する男性も、三〇分以上前戯を行う男性も、前戯を〝挿入前〟の愛撫と考えている時点で大差ないのです。

私が提唱する〝スローセックス〟は、セックスを楽しむセックスです。つまり、射精を目的とするのではなく、互いに感じ合うことを楽しむセックスです。もっとわかりやすくいえば、〝ずっと前戯が続く〟セックスなのです。理想のセックスとは、〝相互愛撫・相互官能〟なのです。時間の区切りや段取りをなくすためにも、前戯という言葉は相応《ふさわ》しくありません。ですから、当スクールでは、前戯という言葉を廃止して、その代わりに〝愛戯〟という言葉を提唱しています。発想の転換です。挿入の前とか後とか挿入中だとか、そういった区切りを一切取り除き、女性も男性も時間が許す限り相手のカラダを愛撫し合う〝愛戯〟こそがセックスのメインと捉えるのです。

改めていい換えれば、スローセックスとは「ずっと愛戯が続く」セックスだということです。時間を忘れて愛戯を存分に楽しむことがセックスの本質なのです。

ジャンクセックスに慣れてしまった人には、すぐには理解しづらいかもしれませんが、セックスの本質が理解できれば、挿入も〝ペニスによる膣への愛戯〟と捉えることができるようになります。女性の膣を借りた射精行動にすぎない今の挿入が、男性も女性も同時に快感を共有できる本当のセックスへと蘇《よみが》るのです。

セックスは性エネルギーの交流

さて、いよいよセックスの核心に触れていきます。本書の中でもっとも重要な項ですので、心して読んでください。それほど重要なメソッドをここまで伏せてきたのには理由があります。それは、ジャンクセックスでしかない行為をセックスの常識だと思い込んでいる頭のままでは、これからお話しすることが、到底理解していただけないと考えたからです。しかしながら、ここまで読みすすめられたあなたからは、ジャンクセックスの毒も、おそらく半分くらいは抜けていることでしょう。そう信じて、満を持してお話しします。

それは、スローセックスの真髄は、〝性エネルギー（気）の交流〟にあるということです。

セックスとは、ペニスのピストン運動に代表されるようなスキンとスキンの摩擦を指すものではありません。男性と女性が自然に持っている〝プラスとマイナスの性エネルギー〟を互いのカラダに循環させることこそが、セックスの醍醐味なのです。

どうですか？　いきなり気とか性エネルギーといわれても、ピンとこないかもしれませんね。快感は、性エネルギーが増幅した総和に比例して深まってゆくのです。

気は色の付いた空気のようなものではありませんから、ひと口に「気の交流」といっても感覚が捉えにくいかもしれません。〝気〟は、気持ちや感情の持つエネルギーだと捉えるところから始めましょう。思春期の頃を思い出してください。大好きなクラスメイトのことを思うだけでドキドキしましたよね。そのドキドキがあなたの〝気〟なのです。そして、大好きな女のコの手をはじめて握った時、カラダに電気が流れるような衝撃がありませんでしたか？　そのビリビリの正体こそ〝気〟なのです。

セックスの相性がいい女性との関係のことを、「肌が合う」といいます。〝気〟の存在に気づかない先人はこう表現する他なかったのでしょうが、これは何も皮膚と皮膚の相性がいいというわけではありません。その男女の気の波長の相性がいいために、知らず知らずのうちに〝気の交流〟が促進されて、気持ちいいセックスができているのです。何もセックスだけではなく、仕事や交友関係でも気は大いに関係しています。初対面なのに話をしているだけで自然と笑顔がこぼれてくる相手もいれば、特に悪口をいわれたわけでもないのに、虫が好かない相手がいますよね。これも気の波長の相性に拠《よ》るものなのです。

さらに具体的な事例で説明しましょう。大好きな女性でも、合コンなどでその日はじめて会った女性でも、最初のセックスはもの凄《すご》く気持ちいいですよね。これは、そのシチュエーションに互いの気持ちが高ぶって、通常のセックスの時よりも互いの性エネルギーが自然増幅されているからなのです。それが二回目、三回目となると、あれほど一回目はいいセックスができたのに、思ったほど気持ちよくなかったという経験はありませんか。それは、一回目に比べて興奮が冷めて、性エネルギーが通常時に戻ってしまうからなのです。

これまで、再三「時間をかけてゆっくり快感を楽しむ」ことがスローセックスの第一歩といってきたのは、感じることを楽しみながらセックスに時間をかけるほど、性エネルギーの強さも大きくなるからです。性エネルギーが大きくなるほど、女性のカラダは感じやすい体質に変化していきます。不満やストレスが溜まって悪循環を引き起こすジャンクセックスとは対照的な好循環が発生するのです。

今まで誰も意識してこなかったし、教えてくれなかったことですが、気持ちいいセックスができるかどうかは、いかに愛戯を通じて性エネルギーを増大させられるかにかかっているといっても過言ではないのです。目には見えませんが、この法則をくつがえすことは誰にもできません。そして、目には見えない性エネルギーを、意識してコントロールすることこそ、スローセックス最大の奥義なのです。

〝気〟というと、眉唾《まゆつば》に聞こえるかもしれません。現に私もそうでした。しかし、私はあることをきっかけに気の存在を意識し始めることになるのです。

少し恥ずかしい話ですが、あなたに気の存在を理解していただくために、ここに告白します。私が二〇代の頃の話です。今となっては誰も信じてくれませんが、その頃の私は、実は超の付く早漏でした。何しろ、一分ともたなかったのですから。当時、すでに結婚していましたが、奥さんからセックスのたびに失笑されるほどでした。自分なりに早漏克服のための努力もしてきましたが、それでもまったく改善の余地が見られず、半ば諦《あきら》めかけていました。いえ、諦めていました。そんな時、ある女性と知り合って、セックスをする関係になったのですが、その女性とのセックスに限って、私は生まれてはじめて〝長持ち〟を経験したのです。淡白なセックスではありません。彼女はとても情熱的な女性で、過去に経験したどの女性よりも濃厚で大胆で、私も相当に興奮していました。それまでなら挿入した途端に発射してもいいはずの私のペニスが、自分でも信じられないくらいがんばれるのです。私は、自分の中で何かが変わったんだと思いました。何らかのきっかけで体質が改善されたのではないかと思ったのです。

そして次の日、それを確かめるべく意気揚々と奥さんとセックスしたのですが、結果は……いつも通り。何が違うのか？　私はその日から真剣に考えました。そして、彼女と奥さんのある違いに気がついたのです。それは〝キスの時間〟でした。私の奥さんはキスが苦手で、セックスの時、ほとんど唇を重ね合わせません。対して、不倫相手の女性はキスが大好きで、挿入している最中もずっとキスを求めてくるのです。私は、さらに二人の女性のセックスの時の違いを考えました。奥さんとセックスする時は、すぐに下腹部に熱い〝何か〟がこみ上げてきて、アッという間に射精してしまうのに対して、彼女の時は、カラダ全体が平均して温かくなるような感じなのです。この時、「スキンとスキンの摩擦だけではない〝何か〟が、ペニスの持久力に関係しているのではないか？」と思いました。私が着眼したのが〝気〟の存在でした。そして私はある仮説を立てるに至ります。その仮説とは、「今までは下腹部に集中していた〝気〟が、長時間のキスによって私と彼女の間に気の交流が起こり、全身に分散されているのではないか」というものです。

その後、私は理解ある奥さんの了解を得て、自分の仮説を確かめるために、色々な女性と検証を重ねていきました。そして、自分の仮説が正しかったことを、身をもって証明することに成功したのです。結果的に、このことが、今の私の出発点となりました。

〝気〟が、幽霊や超能力の類と同じように、オカルティックでインチキ臭いイメージがあることは私も承知しています。私は、そのマイナスのイメージが少しでも払拭できればと、〝気〟を〝性エネルギー〟という学術的な言葉に置換して説明していますが、それでも、経験してみるまでは信じていただけないものでしょう。けれども、気は実際に確実に存在していて、それは人間なら誰もが発しています。

「そんなにいうなら、少しは気の存在を信じてみようかな」からでかまいません。〝気〟を意識することで、セックスの快感が、これまでとはまったく違うレベルになります。ペニスと膣との触れ合いが、単なるスキンとスキンの摩擦ではなく、互いの気と気の触れ合いであう意識を持てば、セックスそのものがガラリと変わってくるのです。

"性感脳"を開花させよう

性エネルギー（気）がセックスに大きな影響を与えることを、おぼろげでも理解していただけたかと思います。本項では、さらに、性エネルギーと女性の性メカニズムの関係について詳しく説明していきます。

改めて確認しておくべきことは「女性が感じるのは、性感帯そのものではなく脳である」ということです。皮膚ではなく脳が気持ちいいと感じるのです。本書では、この「刺激を快感としてキャッチして統合する脳の快感中枢」を、"性感脳"と呼ぶことにします。「感度がいい」とか、「感度が鈍い」という言葉がありますが、実はこの言葉は正確に女性の性のメカニズムを表現していないどころか、誤解の原因にもなっています。「気持ちいい」も、「あまり感じない」も「くすぐったい」も、それらの結果は、すべて性感脳が判断しているという事実をしっかり頭に叩き込んでください。

"感度の悪い乳首"や"とても敏感なクリトリス"があるのではないのです。感度のよし悪しとは、あくまでも、性感帯に与えられた刺激を、"性感脳"が「気持ちいい」と感じるまでに成熟しているかいないかの違いにすぎないのです。すべての女性のすべての性感帯は、大人になってカラダが成熟してくれれば、セックスで感じるようにできているのです。

女性によって感度に差が出るのはなぜでしょうか？　男性経験の数も関係しますが、幼い頃からセックスへの好奇心が旺盛であったとか、マスターベーションを覚えるのが平均よりも早かったとか、大人の男性に囲まれて育った、といった様々な理由で、性感脳の成熟度に差が出ているからです。だから、初体験の時から「セックスが気持ちいい」という女性もいれば、体験人数が二〇人以上なのに「セックスで気持ちよくなれない」という女性もいるのです。

いわゆる感度とは、性感脳の〝開花度〟を意味します。

いかに普段は清楚で知的でおしとやかな女性であっても、性感脳を満開にさせることができれば、ドスケベで淫乱極まりない大輪の花をベッドで咲かせてくれるのです。

性感脳を開花させるにはどうすればいいのでしょうか？　もっとも有効な方法は、女性のカラダに無数に存在する性感帯の一つ一つに、微細な刺激を丹念に供給していくことです。たとえば乳首が感じるとすれば、それは乳首と性感脳との回路が繫がっているということです。これをすべての性感帯に対して行っていくのです。こうすることで、無数に点在する性感帯が、やがて点と点で結ばれて線となり、そして線と線が連結されて、女性のカラダ全面の性感帯が性感脳と回路で結ばれることになるのです。私は、これを「性感ルートを開く」

と表現しています。肝心なことは、性感帯と性感脳が開通する道が多くなるほど、性感脳そのものの機能が向上していくということです。単に、全身が感じるようになるのではなく、感度のレベルがアップしていくのです。

「無数にある性感帯の一つを丹念に」というと、気の遠くなるような長い時間が必要かと思われるかもしれませんが、決してそんなことはありません。愛戯に三〇分以上の時間をかければ十分に可能なことなのです。これまでのアベレージがたった一五分で、それも胸とクリトリスに偏《かたよ》った既存の前戯では、私が今説明したことがまったく行われていなかっただけなのです。自分の愛撫パターンを思い出してみてください。女性のカラダの中で一度も触ったことがない場所がいっぱいありませんか？　男性の性《さが》といえばそれまでですが、自分の触りたいところ、反応がいいところだけしかしない愛撫では、性感ルートはいつまで経っても開通しません。だから、まったくの健康体であるにもかかわらず、「私は不感症ではないか？」と悩む女性が後を絶たないのです。

感じやすい女性が嫌いな男性などこの世にいないはずなのに、女性を感じやすい体質に進化させるノウハウとテクニックを、これまで誰も教えてこなかったことに私は驚きます。

この後は、女性を全身性感帯に進化させる方法を二つご教授しましょう。

一つ目は、〝二点同時愛撫法〟。読んで字のごとく、パートナーの女性がすでに感じる場所と、未開発の部分を同時に愛撫する方法です。すでに気持ちいい部分は、性感脳とその部分の神経が連動しているからです。裏を返せば、未開発とは性感ルートが断絶しているからです。感じる場所と感じない場所を同時に愛撫することで、それまで点と点でしかない両者の性感ルートを繋ぐことができるのです。

二つ目は〝陣取りゲーム式愛撫法〟。たとえば、乳房は感じるけど脇腹はくすぐったいという場合、すでに感じる乳房への愛撫を少しずつ少しずつ脇腹方面に拡大していく方法です。理論は前者と同じです。陣取りゲームのように性感帯の領土を拡大していき、最後は、感じなかった部分を一気に侵略するのです。

性感脳を開くために私が開発した〝アダムタッチ〟というハンドテクニックは、第四章で詳解しています。ぜひマスターして、女性の性感脳を満開にさせてください。

セックスは〝癒《いや》し合う行為〟

〝癒し〟が時代のキーワードになって久しい昨今、愛らしい子犬が癒しの代表選手のように扱われていますが、この世の中に、セックスに勝る癒しなど存在しません。セックスとは本来、癒し合う行為なのです。しかしながら、今のセックスは、癒しどころかストレスの一因にさえなっています。セックスできる相手がいるにもかかわらず、「彼に腕まくらされて寝るのが一番癒される」という女性も少なくないのが現状です。実に憂うべきことです。〃癒し〃というと温泉が思い浮かびますが、実は本当のセックスは温泉よりも癒しの効能があるのです。その秘密は、先述した〃気〃です。〃気〃を応用した身近なものに、気功やヨガがありますが、これらは瞑想などを借りて、気をカラダに巡らす操作をします。太極拳も原理は同じですね。これらは、健康術として知られていますが、気持ちいいセックスは、そんな理屈を考えなくても、全身に気が巡るのです。それも自分の気だけではなく相手の気のパワーもプラスされます。その結果、過度に緊張し、疲労した自律神経が弛緩し、ホルモンの分泌を促進してくれるのです。気持ちよく、健康維持ができるというわけです。長い時間をゆったりと互いの気をカラダに巡らせるスローセックスでは、自然とカラダがポカポカしてきます。足のつま先までポカポカになるんですね。保温効果が持続して、健康と美容に効果があり、大きな満足と幸福を得られるという意味では、スローセックスは温泉よりも効能があるということです。

巷《ちまた》に氾濫《はんらん》するジャンクセックスは、男性は激しく腰を動かしますから、男性のほうは汗ビッショリになることもあるでしょう。これは気の力ではなく、単に運動によるものです。セックスが終わっても、女性のほうは汗の一つもかけないようなジャンクセックスは、ニセ温泉よりも始末の悪い、裏切り行為といえるかもしれません。ちなみに私がセックスすると、お互い全身が汗だくになります。

ご飯が美味しくいただけるとか、ぐっすり快眠できて寝起きもいい、というのは健康な証ですが、それと同じく性欲も健康のバロメーターです。それが最近では、セックスレス化の増加に伴い、男盛り女盛りの年齢の男女が、「もうセックスなんかいいわ」と、開き直りというか諦めてしまう方がいらっしゃいます。これはいけません。開き直りのモードに入った途端、男性も女性もホルモンの分泌に多大な影響を及ぼして中性化へ向かい、一気に老化現象が加速していくことになるのです。最近ブームのアンチエイジングの観点からも、スローセックスを実践することが大切です。

人間と動物のセックスの違い

人間も動物も子孫繁栄のためのセックス（交尾）をします。しかし、動物は、楽しみのためのセックスをしません。発情期になるとパートナーを見つけ、その本能にしたがって生殖行為をするだけです。ゴリラや馬の交接は一瞬です。かたや人間のセックスは、快感を求め合い、愛を確かめ合い、悦びを共有し合うわけですから、人間と動物のセックスは決定的に違います。

これは、地球上で人間がもっとも優れた生物であるといった傲慢《ごうまん》さを語るものではありません。しかしながら、生命の尊厳を〝セックスを楽しむ〟という能力で知ることができるのは人間だけです。

尊厳という観点から、一つ明確な違いを示しましょう。女性には処女膜があります。初体験の時、処女膜は破れ、女性は出血と痛みを伴います。実は、この処女膜は、人間以外の動物のメスにはないのです（一部の猿類にあるといわれています）。考えてみてください。処女膜は何のためにあるのでしょうか？　実際、なくてもいっこうに困るものではありませんし、実際他の動物には備わっていません。なぜ、人間の女性には処女膜があるのか？　私は、これこそ女体の神秘だと思うのです。神様が、出血と痛みという儀式を通じて、人間にセックスの尊さと価値を示してくださっていると思うのは、私の考えすぎでしょうか。

処女膜について私の考えすぎだとしても、今我々人間の尊厳を喪失しかけていることは事実です。そのことは現在のセックスのジャンク化という形で投影されています。自分の快楽を最優先するあまり、女性への優しさや配慮の欠けた自分勝手な愛撫や射精など、まさに尊厳の欠片《かけら》もない行為です。

正しいセックス観を持って、自分とは異なる女性のカラダや性の違いを注意深く観察することは、女性の魅力を発見するだけでなく、自分自身が今生きていることを実感するのにも繋がるのです。

セックスを変に難しく考える必要はありません。けれども、セックスはあなたが考えているほど単純でもないのです。

セックスは神様が人間にくださった最高のプレゼント

私は女性にオーガズムマッサージを施すたび、いつも思うことがあります。「なぜ、女性という生き物は、こんなにも感じるのだろう」「なぜ男性の快感と女性の快感には、こんなにも差があるのだろう」と。男性の性感が局部に集中しているのに対して、女性のカラダは、髪の毛から足のつま先まで、すべてが性感帯です。しかも男性と比較できないほど高い領域で快感を得ることが可能です。いやらしく腰をくねらせ、全身を痙攣《けいれん》させ、恍惚《こうこつ》とした表情で「死ぬーー!」と絶叫したりします。男性の理解を超えた官能の光景を見るたびに、私は、女になりたいと思うほどです。

セックスが単に生殖行為だけを目的とするならば、女性がこれほど感じる必要はありません。これはなぜでしょう。私はこう思うのです。女性のカラダは男性に愛されるように神様に作られた存在なのだと。そうとでも考えない限り、女性の全身に無数に性感帯が存在していることも、その性感帯の一つ一つがすべて快感の種類が違うことも、男性の指やペニスでないと届かないところに高感度な性感帯が存在していることも、説明がつかないのです。

そして、女体の神秘を探訪すればするほど、セックスは神様が人間にくださった最高のプレゼントだと思うのです。そしてセックスは、心とカラダが融合する最高の芸術表現であり、ダンスであると。

今の世の中、楽しいことはいっぱいあります。お金さえあれば何でもできます。日本にいながら世界中の料理を堪能《たんのう》することができますし、魅惑的な歓楽スポットや、秘境の地に行くこともできます。しかし、それで私たちは幸せを手に入れることができるでしょうか？

つい先日、テレビのワイドショーで、いわゆる〝ミクシィ中毒〟の主婦が紹介されていました。彼女は、子どもが甘えて寄ってきても、育児そっちのけでパソコンの前から離れないのです。我が子よりも、顔も名前も知らない誰かとインターネットで繋がっていることを優先してしまうのです。そんな歪《いびつ》な親子関係に辟易《へきえき》するのは私だけでしょうか？　彼女は決して特別な存在ではありません。誰もが、「誰かに愛されたい」「誰かと繋がっていたい」と思っていながら、自分の目の前にいる異性と上手にコミュニケーションがとれず、人間関係に悩み、人間関係を諦め、自分が傷つくことを恐れて、仮想現実の世界で潜在的な欲求を満足させるのです。実はこのようなとりとめもない悪循環が世の中を支配しようとしているのです。

もう一度、いいます。セックスは神様が人間にくださった最高のプレゼントです。セックスを楽しむのに、地位も名誉もお金も必要ありません。セックスを楽しもうという気持ちがあればいいのです。「誰かに愛されたい」という受動的な願望としてではなく、目の前にいる愛する女性を「思いっきり愛したい」という能動的な欲望があれば、セックスは単なる快感だけではなく、幸福をプレゼントしてくれます。

今、幸福を実感できている人が、日本に何人いるでしょうか？　もしかすると、何が幸福なのかもわからない人が過半数を占めているかもしれません。私は、本当はもっともっと身近なところに〝幸福が実感できる場所〟があることを、一人でも多くの男女に知ってほしいのです。

異質なものがとろけ合う幸福

男性と女性とでは、体つきも、性格も、考え方もまったく異なります。まったく違う生き物だからこそ、磁石のプラスとマイナスのように、引き寄せられるのです。

こう活字にすれば当たり前のことですが、今、男性も女性も、当たり前が当たり前になりすぎて、この違いが見えなくなっています。

たとえば女性とキスをする時、あなたは女性の唇をどれほど注意深く観察していますか？　そこに口があるのは当たり前と思い込んで、漠然とキスしていませんか？　今度、キスする時、よーく観察してみてください。形、大きさ、色艶、感触……。すべて男性であるあなたと女性の唇は違います。少々冗談めかしていえば、女性の唇だけで一句詠《よ》めるくらいの深い感性でセックスを楽しむことが、あなたのセックスを豊かにする大きなヒントです。

繊細な感性を持って、愛情と全霊を込めて女性のカラダを観察し、味わうことが普通にできるようになると、まるで時が止まったかのように時間の流れがゆったりとしてきます。それまで、人間なのだから顔に目と鼻と口と耳があるのは当たり前のように思っていたことが、突然、新鮮なモノとしてあなたの目に飛び込んでくるのです。顔でさえそうですから、女性の豊かな胸の膨らみや、丸みを帯びた腰のライン、細くて今にも折れそうな細い腕、ツルンとして弾力性抜群のヒップなど、男性とは明らかに違う女性のカラダに、あなたは改めて目を見張ることになるでしょう。ましてや性器ともなれば、男性と女性はもうまったく別の生物です。まさに生命の神秘。人間の尊厳にあなたは気づくのです。そして、男性と女性という、まったく異質なものがとろけ合うのがセックスなのです。なんとすばらしくエロティックなことだとは思いませんか?　オッパイとアソコだけがことさらクローズアップされてきた今までとは、レベルの違うセックスがあることに気がつくはずです。愛戯の意味も変わってきます。挿入も同じです。男女が単に繋がるだけではなく、性エネルギーを媒体として融合し、本当の意味で一体化することができるのです。

このように、感受性が豊かになればなるほど、セックスとは単なる肉体と肉体のぶつかり合いではなく、射精や絶頂といった刹那《せつな》的快楽の追求でもなく、快楽を貪るだけのものでもなく、お互いを尊《とうと》び敬《うやま》い、二人の愛する気持ちが交わる行為であることが深いレベルで理解できるようになります。

愛し合う相手がいることの悦び、人間として生まれたことの悦び、そして今生きていることの悦びを感じることができるのが本当のセックスなのです。

男性は射精をコントロールしよう

いくらセックスを楽しむ知識と技術を手に入れたとしても、ペニスに持久力がなければ、スローセックスの醍醐味を満喫することはできません。

早い射精を避けようと、恐る恐る動かすような腰使いでは、もしもそれで長持ちしたとしても、ゆったりと時間をかけてペニスとヴァギナの触れ合いを楽しむスローセックスの〝長時間交接〟とは似ても似つかぬものです。やはり〝早漏克服〟〝射精のコントロール〟は、男性の義務・必須課題です。

もちろん、長持ちさせたいと思わない男性はいません。しかしその思いとは裏腹に、「射精のコントロールは無理」と諦めてしまっている男性が数多くいることも事実です。先述したとおり、私自身、以前は一分も持たないほどの超早漏で、本当に惨めな思いをしていましたし、自信をなくし、半ば諦めていました。それが、今では二時間でも三時間でも〝交接〟していられるほど自在にコントロールすることができます。

では、私が試行錯誤の末に確立した、男性が一人で簡単にできる早漏克服トレーニングを二つ紹介します。

人間の動きを司《つかさど》る自律神経は、呼吸法でコントロール可能です。タントラ・ヨガを応用した呼吸法をマスターすることで、副交感神経を優位に立たせ、興奮を抑制することができるようになります。射精をコントロールする時に、この呼吸法は絶対必要です。

やり方はとてもシンプルです。

A　早漏克服のための呼吸法

1　頭部に肺があり、お尻の穴から吸い上げた空気が背骨の管を通って、頭部の肺に吸い上げられるイメージで息を吸い込む。

2　鼻から七秒かけてゆっくり息を吐き出す。

3　お尻の穴を「キュッキュッキュッ」と一〇回締める。

4　イキそうになるたびに何度も繰り返す。

ただ、これだけです。息を吸う時のイメージが最初は掴《つか》みづらいかもしれませんが、何度も練習してコツを掴んでください。人間は、息を吸う時には交感神経が優位に立ち、吐く時に副交感神経が優位に立ちます。したがって、息を一気に吸い、できるだけ長く息を吐くことがなにより大切です。

B　ペニス強化トレーニング

1　マッサージ用オイルをペニスと手のひらに馴染《なじ》ませ、亀頭を中心に愛撫を行う。
2　イキそうになったら、手の動きを止めて、Aの動作を繰り返す。
3　最低一五分間続ける。
4　慣れてきたら、射精しないでトレーニングを終える。

以上、二つのトレーニングで、ペニスは刺激に対して抵抗力がつき、射精をコントロールする持久力を備えることができるようになります。マスターベーションの時に、このトレーニングを併用してください。効果があることは、元超早漏の私が保証します。しかし、やればすぐに効果が出るというほど、早漏克服は生易《なまやさ》しいものではありません。早い人でも半月、場合によっては半年以上継続してやっと効果が表れるケースもあります。肝心なのは、諦めないで継続することです。

もちろん、このトレーニングは男性一人でこっそりと行うことができますが、私からのアドバイスは、女性のパートナーに手伝ってもらうということです。早漏は男性にとって大きなコンプレックスです。女性に知られたくない気持ちはわかります。けれども、もしあなたが早漏だとしたら、あなたがセックスのたびにどんないい訳をしていようとも、女性はわかっているものです。女性はあなたを傷つけないように、知らないふりをしているだけだと思ったほうがいいでしょう。

変に自分一人で悩まないで、さっさとカミングアウトしてしまいましょう。早漏というコンプレックスとプレッシャーを抱えたままのセックスで、本当に気持ちよくなれるはずなどありません。女性に告白して、まずはプレッシャーから心を解放させてください。気持ちを楽にさせてから、どっしりと腰をすえて、コンプレックスに立ち向かえばいいのです。具体的には、Bのペニス強化トレーニングを女性の手を借りて行うという方法です。二人の間にタブーがなくなることで、愛がいっそう深まるという副産物も生まれます。

〝告白は一時の恥、早漏は一生の恥〟です。

本当のセックスはすべての女性を絶叫させる

女性を絶叫させたことがありますか?

絶叫というのは、文字通り絶叫です。「アッ、イッちゃうよ~」なんていう可愛らしい喘ぎ声のことではありません。「ア~ン、気持ちいい」とか、「ギャー」なんて生易しいものでもありません。「アグッアグッアグッ」とか「ゴゲゴガギグー!」とか……。それはもう、日本語による擬音表記さえ困難な、お世辞にも可愛らしい女性の声とは呼べない、ケダモノの雄叫《おたけ》びのような声のことです。

ほとんどの男性は、女性を絶叫させたことがないはずです。そして、女性もまたそのほとんどが絶叫を伴うオーガズムなど経験していないのです。

それでは、ここで真実の話をしましょう。

先に〝不感症の九五%は正常〟といいました。ほとんどの女性は普通に感じることができるという真実です。問題は、この〝普通〟を男性も女性も過小評価しすぎているということです。女性の大半は、〝絶叫〟できるポテンシャルを秘めているのです。女性が絶頂の時に絶叫するというと、「凄い!」とか「なんて淫乱な女性なんだ!」と男性は驚きますが、絶叫は凄いことでも何でもありません。正しいセックスによって、女性の性感脳を開花させ、性感ルートを開通させれば、女性なら誰もが到達できるレベルの現象なのです。第二章の

「"イク"と"感じる"は別物」の項で説明したように、正しい愛戯によって、女性のカラダに性エネルギーを十分に充塡させれば、満タンに水が注がれたコップから自然と水がこぼれだすように、女性は自然と野生の雄叫びをあげるのです。

男性はビックリする前に、聞けて当たり前の絶叫を耳にしていないことを恥じるべきでしょう。

拙速《せっそく》に結果だけを求めて、早く女性をイカせようとテクニックとも呼べない乱暴で乱雑なだけの愛撫を行っているから、本来のポテンシャルを解き放った女性たちの真の声を聞くことができないだけなのです。

おさらいをしておきますが、女性を本当に感じさせられるかどうか、本当に気持ちいいセックスができるかどうかは、〝性エネルギー〟を増幅できるかどうかにかかっています。性エネルギーを増幅させるには、女性の性感帯一つ一つに、微弱かつ絶妙な物理的刺激と、指先から発せられる性エネルギーを継続して供給していくことです。このメソッドをわかりやすい表現に置き換えれば、「イカせようとするのではなく感じさせる」愛戯が、性感脳を開花させ、女性のカラダを性エネルギーで満たしていくのです。そして、もう入りきらなくなるほど性エネルギーが女性のカラダに充満した時、自然発生的に誘発される爆発現象こそが、本当のオーガズムなのです。

私はこれまで、マンション中に響き渡るほどの女性の絶叫を幾度も幾度も耳にしてきました。女性たちは自分の手で口を塞いだり、それでも足りなければ、苦肉の策で私が口にタオルを詰め込んだりしますが、そんな人工的な工夫などあざ笑うかのように、後から後から絶叫がとめどもなく溢《あふ》れ出てくるのです。この話のポイントは、マンションの住人の方々から苦情が来るのではと心配になるほどの絶叫の主が、当スクールの〝不感症セラピー〟の受講女性であるということです。これまで何人もの男性とセックスを経験してきたのに「感じたことがない」というOLや、結婚して何年にもなるのに「一度もイッたことがない」という人妻たちです。彼や旦那がどんなにがんばっても、ウンともスンともいわなかった女性たちが、私の手にかかった途端、絶叫し始めるのです。

これが正しいテクニックの威力です。

勘違いしないでほしいのは、私のテクニックによって、不感症が絶叫体質に変質したのではないということです。そもそも不感症などではなく、極めて平均的な健康体の彼女たちが、女性なら誰もが有している絶叫のポテンシャルが開かれたというだけです。彼女たちがこれまで付き合ってきた男性のテクニックが間違っていたから、その能力を発揮できていなかっただけなのです。

女性には無数の性感帯があります。すべての女性は、全身が性感帯です。この認識はほとんどの男性が持っています。けれども、〝無数〟〝全身〟という言葉が曲者《くせもの》で、男性は「ならばどこを触ってもOK」という風に錯覚しがちです。そして、愛撫がいい加減で適当になってしまうのです。〝無数〟といっても、性感帯の一つ一つは〝小さな点〟なのです。漠然と愛撫していたのではこの小さな点を攻略することは不可能です。「漠然でも、全身を隈なく触れれば、指は点に触れるだろう」という反論があるかもしれません。的確に回答しましょう。〝一瞬〟触れただけではダメなのです。〝その一点だけを集中して攻める〟ことが、性感脳の開花、性感ルートの開通に繋がるのです。

女性の反応を目と耳で確認しながら、愛撫のポイントを軌道修正して、全神経を集中させて小さな点を発見していく作業が欠かせないのです。

すべての女性を絶叫させることができる私と、これまで一度も女性を絶叫させたことがないほとんどの一般男性との大きな違いは、そこにあります。

一つこんな話をしましょう。

当スクールでは、女性モデルさんと実践的な愛戯レッスンを行う前に、女性器の模型を使って技術指導を行います。クリトリス、尿道、小陰唇、大陰唇など、女性器の各名称や位置を知らなければ講習に差し支えが出ますからね。しかしながら、すべての名称と位置を正確に示せない男性が、思った以上に多いのです。中には、既婚者であるにもかかわらず、もっともポピュラーな性感帯であるクリトリスの位置がわからない男性もいらっしゃいます。そのような男性たちに話を聞いてみると、「明るい場所でちゃんと見たことがない」とおっしゃるんですね。

私は、なるほどと思いました。奥ゆかしき日本女性たちの多くは、セックスの時に部屋の電気を消したがります。きっと、お腹の余分なお肉とか、好きな男性に見られたくない場所がいっぱいあるんでしょう。そのため、真っ暗な部屋でとか、布団にもぐったままなど、女性器を目視できない状態でのセックスを余儀なくされている男性が多いのもある意味仕方ないことかもしれません。

その結果が、手探りでの愛撫です。「なんとなくこの辺」という、まさに漠然とした愛撫になってしまっているのです。真っ暗で女性の表情が見えないのでは、ポイントの軌道修正も極めて困難です。

私は、この不遇の状況に置かれた一般男性に大いに同情します。けれども、この暗闇を打破して、小さな一点を一つ一つ攻略していかない限り、セックスの明るい未来は訪れないことも事実なのです。

奥ゆかしい彼女や奥さんと性コミュニケーションをとって、女性の表情とカラダを観察できる光量を確保してください。何事も話せばわかるものです。

絶叫は女性だけの特権ではない

女性の絶叫の話に続いて、今度は男性の絶叫のお話です。

実は、絶叫は女性だけの特権ではありません。男性も絶叫のポテンシャルを秘めているのです。私が「男性も絶叫できます」というと、ほとんどの男性は、「そんなバカな」というリアクションをします。一般男性が、普段のセックスやマスターベーションで経験している「ウッ」程度の射精からは、とても絶叫するほどの快感が男性にもあるなんて信じられないのですね。

性エネルギーと快感の関係を説明しましたが、このことは、何も女性に限ったことではないのです。性エネルギーが増幅されれば、男性も、まるで女性のように喘ぎながら射精することが可能なのです。

身近な話で説明しましょう。同じ射精でも、相手の女性によって、シチュエーションによって、その日の体調によって快感のレベルが違うことは、あなた自身経験があるはずです。単にスッキリするだけの射精もあれば、かなり満足のいく射精も、出した後に虚しさだけが残るような残念な射精もあるでしょう。これらのすべては性エネルギー量に関係しています。

これまでお話ししてきた性エネルギーとは、私がいうところの、正しいセックスをした時にはじめて発生するのではなく、今現在もあなたのカラダから絶えず発生しているものです。ただ、セックスの方法が間違っているために、スローセックスで発生するエネルギーと比べて非常に微弱なため、その存在を意識できていないだけなのです。

性エネルギーを意識できていない一般男性であっても、微弱なレベルながら、セックスの状況の変化で性エネルギーに多少の差が起こり、それが〝そこそこ気持ちいい射精〟や〝虚しい射精〟という結果として現れているということです。

性エネルギーと快感のメカニズムを少しでも理解されたあなたなら、もう推測できるはずです。正しいセックスを実践することで、射精の直前までに性エネルギーを十分に体内に蓄積すれば、今まであなたが経験してきたどんな射精よりも、高い水準の射精をすることができるのです。それはもう射精というよりも、男性のオーガズムといったほうが正確でしょう。

もちろん、女性のような衝撃的な快感を得ることは男性には望めません。女性の場合は、男性の射精の快感を一とすれば、その数百倍の快感です。さすがにこの快感は、私にも想像がつきません。ただただ羨《うらや》ましいばかりです。

ここでまた、一般男性にはおそらく想像できない話をしますが、〝感じる〟を楽しむスローセックスで性エネルギーを極限まで高めていくと、女性は逆にイキにくくなるという状態になります。イカないからといって、気持ちよくないのではありません。ジャンクセックスやマスターベーションでイク時の快感レベルをはるかに通り越した〝高レベルの快感〟が、ずっと続くようになるのです。私はこの状態を「天国モード」と呼んでいますが、女性によっては、天国モードが愛撫をやめない限り、延々と続きます。想像を絶する超絶状態です。

このように、女性には到底及びませんが、正しいセックスをすれば、今よりもはるかに気持ちいい射精ができることは確かです。ちなみに、私は、射精後もその快感が三〇秒以上続くことがあります。もう、その三〇秒間は、絶叫している女性と一緒になって、私もギャーギャーいいっぱなしでした。

では、どうすれば絶叫するほどの射精が可能になるのでしょうか。それは、男性だけが女性を愛撫して感じさせるのではなく、女性からも愛撫を受けて男性も感じるセックスをするということです。多くの性エネルギーを生み出すには、男性と女性が性エネルギーのキャッチボールをすることが必要なのです。互いのカラダで増幅した性エネルギーをそれぞれのカラダに留めておくのではなく、愛戯を通じて互いのカラダに循環させていくのです。

男性は、女性を責める喜びを知ると、女性が美しく官能する姿を見ることによって興奮し、大きな性エネルギーが作り出されます。その性エネルギーが、あなたの指先やペニスから女性のカラダに送り込まれ、女性のカラダを巡りながら女性自身の性エネルギーと融合することで増幅され、もっと大きなエネルギーとなって跳ね返ってきます。

「男性は女性をイカせるもの」「男性は責め、女性は受け身」といった固定観念を捨てて、双方向的に快感の発信と受信を繰り返すことが、澱《よど》みない性エネルギーの循環を形成し、性エネルギーの総和の増幅を実現するのです。

正しいセックスで、絶叫を体感してください。射精の概念が根底から崩れ去るはずです。

官能する女性からエクスタシーを得られる

本章の冒頭で、射精の放棄を命じました。射精がセックスの第一目的となっている男性には、射精よりも気持ちいいことがあるなど想像もできないでしょう。しかし、それこそジャンクセックスの毒が全身に回っている証拠です。

射精よりも楽しいこと。それは、官能する女性の姿を見るということです。

「感じている女性なら、いつも見ているよ」というかもしれません。しかし、性感脳と性感ルートという概念、さらには性エネルギーと快感の関係性について学んだ今となっては、あなたが感じさせていると思っている女性の快感レベルに疑問を持ち始められている頃ではありませんか？

先ほど、女性の絶叫の話をしました。男性の気になることの一つに、〃感じたフリ〃や〃イッたフリ〃といった、女性の演技の問題があります。「感じているように見えるけれど、本当に気持ちいいのだろうか?」「イッた? と聞いたらウンと答えたけど、本当にイッたのか?」など、女性の演技を疑い出したらきりがありません。けれども、絶叫というレベルの快感に演技など介在する余地はありません。性感脳が完全に開花した状態というのは、いい換えれば理性が吹き飛んだ状態です。そして、的確で適切な性感帯への愛撫は、女性から〃快感の上限〃をも取り払います。もはや女性は、あなたの前で完全なる受け身と化し、ただただ次から次に押し寄せてくる快感の海に溺れるしかないのです。女性は自分を取り繕《つくろ》う余裕などありません。「ア〜ン」なんていういかにも女性らしい甘ったるい声を意識的に出すことなど不可能だということです。DNAにインプットされた淫らなメスの姿を男性の前に晒《さら》すしかないのです。

射精がセックスで一番の醍醐味と思っている男性は、今私がいったような、本当に官能している女性の姿を見たことがないと断言します。それは、一度でも見たことがあれば、射精が一番ではないことに、その時気づいているはずだからです。女性が正しいテクニックの前では、官能の装置が作動せずにはいられないように、男性のDNAにもまた、女性が官能する姿を見ると、射精を忘れて夢中になって女性をもっと感じさせようとしてしまう装置が内蔵されているのです。

セックスの技術は〝男性の魅力〟に直結する

私は自分が男性ですから、男性が女性が思う以上にデリケートな存在であることを知っています。セックスのテクニックに対する自信のなさは、彼女や奥さんを感じさせてあげたいという優しい気持ちが強ければ強いほど、深刻なコンプレックスになってしまいます。

当スクールでは、セックステクニックに自信のない男性が、数多く受講されます。そんな彼らを見ていて思うことは、正しいセックスのテクニックを身につける前と後では、顔つきが別人のように変化するということです。自信がついて顔つきが変わるだけではありません。受講前は、「彼女いない歴〇〇年」だとか、「三〇歳にして童貞」といった、女っ気の欠《かけ》片《ら》もなかったような男性たちから、続々と「彼女ができました！」という報告のメールが届くのです。

男性にとって〝自信〟というものがどんなに大切なものであり、内面から溢れる自信が、〝男性の魅力〟に直結していることをまざまざと見せつけられます。

ひと口に自信といっても、その中身には様々あります。何をもって自信とするかは、個人の価値観によりますが、一般的なことでいえば、お金持ちであるとか、美男子であるとか、スポーツが万能であるとか、芸能人であるとか、会社の社長であるとか、まあそんなところでしょうか。けれども、テクニックを習得して見違えるほどに自信を漲《みなぎ》らせる受講生の様子を見て私が確信するのは、「セックスの自信ほど、男性を変える自信はない」ということです。

実際、受講生の中には、他人が羨むような社会的地位があったり、驚くほどの収入を得ている男性が多数いらっしゃいます。しかし彼らは、どんなに部下の前でふんぞりかえろうとも、使い切れないほどの大金を手にしていようとも、セックスのコンプレックスから逃れられなかったのです。もちろん、コンプレックスをバネにして今の立場を築き上げたという見方もできますが、それはやはり他人の目から見た感想であって、本人にとっては、苦悩の日々でしかありません。社会的地位や立場が確固たるものになればなるほどに、いざベッドの上で男らしさを発揮できないことほど、惨《みじ》めなことはないのです。

本書を手にされたあなたは幸運です。本書で正しいセックスの知識と、正しいセックステクニックを身につければ、あなたはベッドの上で無敵です。そこから生まれる自信は、あなたに新しい未来を約束することでしょう。

第四章　アダムセックス理論とは

リラックスが興奮と官能の出発点

女性のカラダは、脳が興奮状態にあればあるほど感じやすくなります。興奮状態にあるということは、女性の性感帯であるところの皮膚への、指や舌などによる「物理的な刺激」をキャッチした性感脳が、その情報を「性的な刺激」と認識しやすくなるということです。結果として、打てば響くような敏感な反応が返ってくるようになるのです。この真理に関しては、これ以上注釈を加えることもないでしょう。男性である皆さんも重々ご存知のはずです。しかしながら、「ではどうすれば、女性を興奮状態に誘導することができるのか？」という具体的なノウハウや心理的テクニックに関しては、世の男性はあまりにも無知、無策であり、時に無謀です。一つ、無謀な典型例を紹介しましょう。それは、「女性にアダルトビデオを観せて興奮させる」という作戦です。何が間違っているのかを一つ一つ指摘していけばキリがありませんが、エッチな映像を観せれば女性が興奮するという発想はそもそも短絡的すぎます。男性が興奮するものが女性にもそのまま通用するという思い込みは、男性の勝手な妄想です。ＡＶを観て興奮するという女性よりも、「気持ち悪い」と嫌悪感を示す女性のほうが圧倒的に多いという一般常識から考えても、逆効果であることがわかるでしょう。では百歩譲って、相手の女性が実はＡＶで興奮するタイプだったとしましょう。でも、果たしてその女性が、本人にしてみれば〝恥ずかしい秘密〟を、好きな男性の前であっさりとカミングアウトするような行動に出るでしょうか？　答えはＮＯです。女性がＡＶに興味がある場合もない場合も、ＡＶというモノが目の前に提示された瞬間、女性は興奮するどころか緊張状態に陥るという予測こそ正しいのです。男性誌などでは、「彼女にＡＶを観せたらめちゃくちゃ興奮して、その後のセックスがすっごい盛り上がりました」といった記事が頻繁《ひんぱん》に掲載されていますが、それは一〇〇人中一人か二人の、極めて稀《まれ》なケースであり、ほとんどは男性記者の希望的妄想記事であるということをここで暴露しておきます。〝ＡＶ作戦（？）〟が成立するのは、ＡＶに興味がある女性であり、なおかつその事実を普段の会話などから事前にリサーチしてある場合に限られるのです。無責任なマスコミ情報に従順に踊らされてしまうのは、無知による自業自得と知るべきでしょう。

何が無知か？　それは、女性が興奮状態に至る時、その前段階には必ず〝リラックス状態〟を経由するという真理を知らない無知です。リラックスとは、これからセックスするかもしれない異性に対して心を開くということです。リラックスすることで、性感を司《つかさど》る性感脳が感じやすいカラダ作りの準備を開始し、その準備が整った時にはじめて、その次のステップである興奮へ進んでいくのです。

これは、女性の胸の谷間を見たり、女性からカラダをタッチされるといった、視覚情報や触覚情報によって、突発的に発情してしまう男性との大きな相違点です。男性が無知である原因の多くは、男性が女性とはまったく別の生き物であるにもかかわらず、女性に対して、男性である自分を基準にしてしまうことにあります。

ヤル気マンマンで合コンに臨《のぞ》む男性たちのほとんどが目的を達成できない理由は、女性は「セックスのプロローグにリラックスがある」という、私にいわせれば常識である基礎知識が欠如しているためです。もしあなたの周りに、特別イケメンというわけでもないのに、いつも女性をお持ち帰りできる男性がいたら、こっそり彼の言動を観察してみるといいでしょう。ふざけているように見えて肝心なところでは紳士的だとか、女性の話を親身になって聞く忍耐力があるなど、それが無意識だとしても、女性をリラックスさせて、安心感を与える術を実践しているはずなのです。

ちなみに、当スクールには不感症に悩む多くの女性たちが受講されますが、私がもっとも腐心するのは、いかにセックステクニックを駆使《くし》するかではなく、いかにその女性の緊張をとき、リラックスさせてあげるかなのです。女性は、「今日はイケるかしら?」とか、「感度が悪いと思われたらどうしよう」といった不安や、本人にしかわからないカラダのコンプレックス、また、「痛かったらどうしよう」など、過去の気持ちよくなかったセックスによるトラウマなどで、常に緊張と隣り合わせにいます。自由で奔放なセックスを楽しみたいのなら、まずはこの緊張感を払拭してあげることが必要不可欠なのです。

相手を信頼する気持ち、いたわる気持ち、慰安する気持ち、そういったゆったりとした穏やかな状態から、愛情という自然の吸引力で二人が交わっていく意識が大切です。

拙速《せっそく》に女性を興奮させようとしていた今までの間違った戦術を見直してください。特定のパートナーがいる場合は、二人に合ったリラックス方法を、話し合ってみるのもいいでしょう。それ自体、楽しい共同作業ですし、現代人に欠けている性コミュニケーションの充実に繋《つな》がります。

愛戯は指、愛情表現は口

あなたは、セックスの時に、指と口（舌）のどちらを多く使っていますか？　ほとんどの男性が、「口派」と答えるのではないでしょうか。目の前に乳首があると条件反射的に吸い付いてしまうというのは、男性の動物的習性ともいえますし、既存のセックス指南書などで、口や舌を使った様々なテクニックが紹介されている現状を考えれば、世の男性がオーラルセックスに走ってしまうのも仕方のないことなのかもしれません。けれども、女性を感じさせることを第一に考えた唯一絶対のメソッドとは、「的確なポイントに適切な刺激を継続して与えること」なのです。その場合、指と口のどちらが有利でしょうか？　比較するまでもなく答えは明らかですよね。〝器用さ〟という観点から、指に勝る武器はないのです。米粒に字を書くほど繊細な作業ができる人間の手は優れた能力を持っているのです。また、目には見えませんが、女性の性感脳を性的に刺激する〝性エネルギー（気）〟も、舌先よりも指先のほうがはるかに大量に放出されているのです。器用さと性エネルギーの放出量の二点において、女性の性感帯を愛撫するのにもっとも適しているのは、指先だということになるのです。もしもセックスの教科書があれば、一ページ目に書かれるべき基本が、世の男性に浸透していないのは、やはりこれまで、正しいセックスを教える書物が出版されていなかったことの裏返しでしょう。

誤解のないように断っておきますが、オーラルセックスがダメというわけではありません。フェラチオやクンニリングスには、物理的刺激の他にも、視覚的に興奮する要素があり、これはこれで巧みな舌使いが要求されるすばらしい愛撫方法です。また、愛情を表現、演出するのに最高の器官です。しかし、舌先は男性が思っている以上にザラザラしていて粗いため、乱雑で緩慢な愛撫にしかなりません。それともう一つ、決定的なデメリットがあります。それは、オーラルの場合、どうしても顔が相手のカラダに接近してしまうために、愛撫の時に大切な、「女性の反応を目で確かめながら行う」という、〝反応目視〟が中途半端になってしまうということです。相手の反応を観察するための広い視界が確保できて、舌先の何十倍も器用に、微細な刺激を性感帯に供給できる指先こそが、性感ルート開発には適任なのです。

当スクールでは、受講一回目で、「愛戯は指、愛情表現は口」と教えています。指と舌の長所と利点を把握したうえで、上手に複合できるようになるのが理想です。

次項では、いよいよ究極のハンドテクニックである、「アダムタッチ愛撫法」をご指南します。

女性をイキやすい体質に変えるアダムタッチ

これまでのセックスでは、器用な指先が、宝の持ち腐《ぐさ》れになっていました。〝性感脳〟という概念や、〝性感ルートを開く〟ための方法論を説く人もいませんでした。インドの『カーマスートラ』や、中国の房中術といった、既存のHOW TO SEXの起源である古代の性経典でも、その詳細は教えていません。この私が、人類史上はじめて、女体に秘められた官能の封印を解き放つセックス理論を発見したのです。

私はこれまで、千人以上の女性たちを、未体験の官能ゾーンに誘ってきましたが、そのアダム流テクニックの根幹を成す愛撫法が、これから紹介する「アダムタッチ」です。アダムタッチとは、単に女性をイカせるテクニックではありません。アダムタッチが、その体験者から〝驚異のテクニック〟という賞賛を与えられる最大の理由は、女性を官能しやすいへと劇的に変化させることができることにあるのです。というと、とても複雑で難しいニックのように思われるかもしれませんが、コツさえ掴《つか》めば誰にでもできる簡単なテクニックです。

では実際にやってみましょう。ご自分の腹部や太腿《ふともも》などを女性の肌に見立てて、これから私が説明する通りに、指を動かしてみてください。

まず、手のひらを肌から水平に約四センチ浮かした位置から、五本の指先だけを肌の上にそっと置いてください。これがアダムタッチを行う際の手の基本形となります。ポイントは肌に触れた指先の〝タッチ圧〟です。肌と指の間に薄い皮膜があるようなイメージを持つといいでしょう。この肌に触れるか触れないかの微細で絶妙なタッチ圧が女性の性感帯に理想的な刺激を送り込むのです。

指の動かし方は楕円《だえん》運動が基本となります。背中のような大きな面は大きな楕円を、腰やお尻のような中くらいの面は中くらいの楕円を、手のひらや足の甲などの小さな面は、二〜三本の指を使って小さな楕円をゆっくりと描いてください。なぜ、楕円運動かというと、それには二つの理由があります。一つは、女性は「規則正しい動きに安心する」生き物だということ。これにより、リラックス効果がもたらされ、女性の性感脳は、安心、慰安、信頼といった、とても穏やかな心理状態の中で、感じる準備を始めます。二つ目は、女性側が、次に指がどこを触るかを予測できるということ。「もうすぐあそこを触ってもらえる」という期待感が、女性の性感開発に効果的に作用するのです。

楕円運動を行う際に、守らなければいけない基本原則が二つあります。

一つは、等間隔に並んでいる五本の指先を動かさないこと。よく官能小説などでは巧みな指使いを「指が意志を持った別の生き物のように蠢《うごめ》いて〜」などと形容することがあり、あたかもマジシャンのような指使いが、テクニシャンのように思われがちですが、これは大きな誤解です。女性の性感帯は微弱な刺激を継続的に受信することで、性感ルートが開かれるのです。それが、指先を動かしてしまうと、五本の指先のタッチ圧がバラバラになってしまい、適切な刺激を安定して供給することが不可能になってしまうのです。アダムタッチマスターの第一歩は、最初に説明した手の基本形を自分の指先に形状記憶させることにあります。実際にやってみてもらうとわかりますが、指先を動かさないというのは、簡単なようで難しいこと

アダムタッチの手の形

です。動かさないという意識が強すぎると、今度は手全体がカチカチになってしまいます。タイヤに空気を入れすぎた自転車ではでこぼこ道をうまく走れないのと同じですね。細かい起伏に富んだ女性の皮膚の上を、絶えず触れるか触れないかのタッチ圧でスムーズに指先を動かすためには、指の力を抜いてある程度の柔軟性が必要です。

もう一つのポイントは、手を動かすスピードです。タッチ圧にも理想的な力加減があるようにスピードにも適正速度があります。それが秒速三センチ。頭の中で三つ数えて一〇センチ進むのが目安です。これは実際にやってみるとわかりますが、かなり遅い速度です。が、このじれったいほどゆったりとした指先の動きが、物理的刺激を性的快感と認識する女体のメカニズムにもっともフィットした速度なのです。この秒速三センチも、指先をバラバラにしないのと同様に、初級者にとっては守るのが非常に難しい制限速度です。アダムタッチを正確に行えば、女性のカラダは確実に感じ始めます。性感ルートが徐々に開き、女性のカラダにもともと内蔵されていた官能モーターが回転し始めるのです。それは、女性のDNAに元来刻まれている淫靡《いんび》な肉体表現を、女体が取り戻す瞬間でもあります。そんなエロティックな反応に興奮しない男性はいませんよね。すると、冷静さを失った男性の脳は、つい制限速度を守れなくなってしまうのです。当スクールの初級受講生の大半がこの失敗を経験します。ほぼ一〇〇%の確率で、手の動きが速くなってしまいます。速度オーバーしてしまうということは、極端にいえば、アダムタッチではなくなるということです。すっかり興奮モードになった男性とは逆に、適切な刺激の供給を断たれた女性の性感脳は冷却へと向かってしまうことになります。

五本の指先でそっと触れて、五本の指先をバラバラにしないように秒速三センチで楕円運動。活字にすると、たった一行余りの簡単なテクニックでも、マスターするためには様々なハードルが待ち構えているのです。頭はホットに、でも指先はクールに。女性の淫靡な反応を拙速に求めようとしてきた今までの自分を制御して、頭で考えなくても、理想的なタッチ圧や絶対スピードを実行できるようになるまで、何度でも練習が必要です。

さて、アダムタッチには、今まで説明してきた目に見える具体的なテクニックとは別に、もう一つ大きな特徴があります。それが、指先から発せられている〝性エネルギー（気）〟の存在です。

手の基本形をもう一度作ってみてください。手のひらと肌の間に二～三センチの空間ができていると思いますが、この空間がどんな意味を持つと思いますか？　試しに、まず右の手のひら全体で自分の左手をピタッと密着するように触れてみてください。特に感じることはありませんよね。では、アダムタッチの手の形を作ってもう一度同じ場所にそっと置いてみてください。どうですか？　温かいようなくすぐったいような、さっきとは何か違う皮膚感覚がありませんか？　実は、この感覚の原因こそ、性エネルギー（気）の正体です。手のひらの中央部には、〝労宮《ろうきゅう》〟という強い気を発するツボがあります。女性はデートの時などに、大好きな男性と手をつなぐのがとても好きですよね。女性にその理由を尋《たず》ねると、「カレから〝愛されている〟という実感がすごくあるから」という答えが返ってくるのですが、女性がこういった感情に至るのは、手を握った時に労宮が重なり合うことで、互いのカラダに〝気の交流〟が発生しているからなのです。セクシャルな精神状態になればなるほど、この気の放出量は大きくなるのですが、人間のカラダとは実によくできているものだと感心します。

閑話休題《かんわきゅうだい》。実は、アダムタッチの手の基本形こそ、直接女性の性感帯に触れる指先からもっとも気を放出しやすくなる手の形なのです。そして、指先による微細な物理的刺激と、指先から発せられる性エネルギーの相乗効果が、女性のカラダを不純物のない完全なる全身性感帯へと進化させる極意なのです。

ここでもう一つ注意点があります。楕円形を基本とした手の動きは右きき、左ききともに右回りで行ってください。右は英語でrightといいますが、rightは他に「正義」「正しい」という意味があります。手を右回りに動かすことでいい〝気〟を流すことができるのです。

振動による愛撫とは

「女性のカラダは摩擦と同じくらい振動に弱い」というと、驚かれる男性も多いと思います。人間は自分の経験を基準に物事を考える生き物です。振動という刺激によって快感を得たことのある男性は非常に少ないはずです。したがって、女性に対して振動を利用した愛撫を行ったことがある男性は、必然もっと少ないことになりますよね。男性は、「ペニスをしごく」という自身のマスターベーションの経験則から、女性が快感を得る方法も摩擦と思い込んでしまっているのです。「ピンクローターなら使ったことがある」という男性がいるかもしれません。確かにピンクローターは振動による刺激で、クリトリスのような非常に小さいポイントを刺激して短絡的なオーガズムを得るには適したアイテムかもしれません。けれども、ピンクローターの振動というのは、あくまでも皮膚の表面部分への振動にすぎません。機械的な強すぎる刺激で、強制的に快感を得るということが日常化することは、女性の性感をどんどん鈍化させるという危険をはらんだ刺激なのです。私がここでいう振動とは、男性の指や手を使った振動のことです。カラダの表皮だけを振動させるのではなく、指の届かない子宮などの女性のカラダの内部にある性感帯に刺激を浸透させ、これまで眠っていた性感帯を瑞々しく蘇《よみがえ》らせる画期的な愛撫法なのです。

それが、〝バイブレーション愛撫法〟です。このテクニックはアダムタッチと双璧《そうへき》をなすアダムテクニックの支柱です。

そもそも私が、女性が振動に弱いことを発見したのは、子宮を中心とした女性器周辺の性感帯を一つの大きな塊として捉えるようになったことに始まります。私はこの大きな性感帯の塊を「マスオーガズム帯」と名づけました。わかりやすく説明すると、女性が下着をはいた時に覆われる部分全体のことです。そして、研究を重ねていくうち、マスオーガズム帯は、そのどこに振動を与えても、その刺激による快感がマスオーガズム帯全域に波及するという事実がわかってきたのです。これは、恥骨の裏側と仙骨の裏側に神経叢《そう》が密集しているためです。そこを通して振動が性感脳に伝わり、快感の信号がフィードバックするからなのですが、この真実は、女性の全身にある無数の性感帯がそれぞれ単独で存在しているのではなく、すべての性感帯が性感脳を通じて密接に緊密に連動していることの証明でもあります。たとえば、クリトリスをピンクローターで刺激すれば、感じるのはクリトリスだけですが、手の腹で恥骨に振動をかけると、クリトリスを含むマスオーガズム帯全域に快感がもたらされるということです。男性がどんなに一所懸命にクンニリングスをしても女性をこの深い快感に導くことはできません。愛撫の方法論が違うからです。今まで男性は、自分のカラダに通用する愛撫法しか女性に試してこなかったのです。

と、私は今、振動による効果を、理屈っぽい男性にも理解してもらえるように、なるべくわかりやすく説明したつもりですが、それでも男性には一生得られない快感ですから、なかなかピンとこないと思います。けれども、私の研究の成果を信じ、これから説明する愛撫法を実践されれば、彼女や奥様は、女性に生まれてきてよかったと心から思えるような未体験の快感を得ることができるのです。そしてあなたは、今までに見たこともない彼女や奥様の淫靡でセクシーなリアクションを通じて、〝振動の威力〟と、〝女体の神秘〟を、まざまざと体験することができるでしょう。

では、具体的なテクニックの解説と、それが効果的な性感帯を紹介していきます。基本的な愛撫法は四つに大別できます。順に示します。

1　手先でのバイブレーション

手の平を水平にし、中指と薬指を折り曲げ、垂直に立てます。そして、指先を部位に当てて、リズミカルに振動させます。ポイントは表面に振動をかけるのではなく、手の重みを利用して指先を表皮から一センチ程度押し込むようにして、カラダの中心に振動を与えるようなイメージで行うこと。乳房、下腹部、臀部、会陰など、比較的柔らかい部分を刺激するのに適しています。

特に、乳房に対しては有効です。一般的にあまり知られてはいませんが、乳首と脇を結直線上の左右五センチ幅のゾーンにある胸筋は、「隠れた名店」的な優れた性感帯で。トントントンとリズミカルに愛撫していきます。〝揉む〟という愛撫法ではリアクシンの薄かった乳房も、この愛撫法によってA級性感帯に生まれ変わります。

2　手のひらでのバイブレーション

手のひらの手根の肉厚部分を部位に圧《お》し当て、小さなバイバイをするように指先を左右に振って振動を与えます。恥骨や尾《び》骶《てい》骨など、マスオーガズム帯全域に適しています。

3　指腹でのバイブレーション

人差し指と中指の二本の指の第一関節の腹で、膣《ちつ》内の性感帯を小刻みに振動させます。これは、後述するGスポットに効果的な愛撫法です。くれぐれも、指で膣内のスキンを前後に掻くのではなく、ポイントに指腹を当てがい振動させるということに留意して行ってください。

4　ペニスでのバイブレーション

ペニスを挿入してピストンするのではなく、膣に深く挿入して、膣口と男性の下腹部が密着した状態をキープしながら、亀頭を膣壁に当てて圧迫し、腰を前後させて膣に振動を与えます。ピストン運動とはまったく違った深い官能に導くことができます。後述するAスポット愛撫に最適なテクニックです。

振動が大切であるという本当の意味は、摩擦と振動を複合させることで、快感のレベルが、1＋1＝2ではなく、3にも4にも強化されることにあるのです。

髪の毛の愛撫が快感に誘《いざな》う

〝強い刺激ほど感じる〟と信じて疑わない男性は少なくありませんが、これは誤解もいいところです。女性をイカせられない原因になっているだけではなく、この誤解に起因する、乱暴な愛撫によって、苦痛を感じたり、時に女性器を傷つけられた苦い経験が、トラウマとなって、女性からセックスを遠ざける原因にもなっているのです。

女性が愛撫を気持ちいいと感じるのは、性感帯である皮膚そのものではなく、刺激を受信している脳です。いわゆる「感度がいい女性」とは、「〝性感脳〟が高感度な女性」なのです。これが絶対的な真理です。この女性の性メカニズムを理解していれば、どのような刺激が適切であるか、おのずと答えは導かれます。そうです、強いとは正反対に、超ソフトな刺激こそ相応《ふさわ》しいのです。この原理原則は、味覚に置き換えるとわかりやすいでしょう。毎日、濃い味付けのものを食べていたら舌が鈍感になって、料理の素材そのものの味がわからなくなりますよね。女性の性感は味覚とまったく同じ理屈が当てはまるのです。濃い味付け=強い刺激は、女性の性感脳を鈍化させていくだけのとても愚かな行為だということです。普通に味付けされた料理に砂糖や辛子をドバドバかけて食べていたら、本当に豊かな食生活が送れないように、豊かなセックスライフも送れません。

では、性感を敏感にするにはどうすればよいでしょうか。味覚でいえば、舌を薄い味付けに慣らしていくということです。これまで、〝刺激は強ければ強いほど感じる〟と思い込んでいた男性の脳には、とても回り道に映るかもしれませんが、女性の性感を超ソフトな刺激に慣らしていくことが、あなたのセックスパートナーを敏感なカラダに進化させる唯一無二の方法なのです。

にわかに信じられないという男性は、女性のクリトリスを刺激する時、いつもの一〇%くらいの力加減で刺激してみてください。女性が感じ始めても、強さをアップしてはいけません。スタートの時と同じ、超ソフトな愛撫をずっと続けるのです。いつもの強い刺激に慣れた女性は、最初は少し戸惑うかもしれません。男性だけでなく女性も、手っ取り早い快感を求めるジャンクセックスに慣れているためですが、それでも超ソフトを徹底してください。絶頂に至るまでの時間は、今までより長くかかるかもしれませんが、強い刺激とははるかにレベルの異なる高い次元での深い官能を女性に与えることが、実感できるはずです。そして、愛撫の後で、彼女に感想を聞いてみてください。必ず、「今日の愛撫のほうが好き」と答えます。ソフトな刺激を長時間にわたって供給されることは、単に肉欲を満たすだけの快感ではなく、癒《いや》しや、男性に愛されていることの実感といった、幸福感を女性に味わわせてあげることができるのです。それが、ジャンクセックスに慣れてしまった現代人が忘れてしまった、本来のセックスなのです。

女性の性感帯のポテンシャルを最大限に引き出すには、〝微弱な刺激にチューニングを合わせる〟ことが必要です。そのためのとっておきの愛撫法が、〝髪の毛への愛撫〟です。試しに、ご自分の頭髪の表面を、ペットの毛並みを優しく撫でるような要領で、そっと撫でてみてください。どうですか？　髪の毛には神経がないのに、ちゃんと触られていることがわかりますよね。これは、髪の毛への刺激が毛根に伝わっているからです。では、今度は、ご自分の爪を、指先でそっと触ってみてください。爪にも神経はありませんが、触られていることがわかりますよね。私があなたに求めている超ソフトタッチとは、この力加減のことです。いつもの愛撫を思い出してみてください。どんなに今までの愛撫が強すぎたか、唖然《あぜん》とするのではないでしょうか？　いきなり女性の乳房を鷲《わし》づかみにする、乳首に吸い付く、クリトリスをグリグリと指で摩擦する……。普通の男性が当たり前のように行っている行為は、自分の欲望を満たすだけの行為であって、愛撫とも呼べないものだったのです。

何事も最初が肝心で、それはセックスも同じ。女性をビンビンに反応させたいのなら、まず愛撫すべき場所は髪の毛なのです。そっと優しく、愛情を込めて彼女の髪の毛を撫でることで、性感脳の感受性のチューニングを微弱な刺激に合わせましょう。その後の女性の反応がいつもとは見違えるほど変わることに、あなたは驚きを隠せないはずです。

顔は性感帯の宝庫

スローセックスで、基準になる最初のスイッチが髪の毛（毛根）という話をしました。その効果を復習すると、毛根に与えたほんの微《かす》かな刺激を女性が感じ取ることで、女性の性感脳に内蔵されたセンサーが微弱な信号にチューニングを合わせ、今までは受信できなかった微かな刺激も〝快感〟としてキャッチすることができるようになるのです。すなわち、女性の感度がよくなるということです。しかし、髪の毛への愛撫だけでは、センサーをチューニングしただけにすぎません。開局したばかりのラジオ局のようなもので、リスナーを満足させるだけのノウハウやコンテンツといったソフト面がまだまだ不十分です。この未知数な状態から抜け出し、さらに進化させるために有効なのが、〝顔への愛撫〟です。残念ながらほとんどの男性が気づいていませんが、顔は、〝性感帯の宝庫〟と呼んでも過言ではないほど、性感帯が集積した部位です。恋愛やセックスの対象として女性を選ぶ時、「目が大きい娘《こ》が好き」とか、「鼻がもう少し高かったら」など、あれほど自分の好みを並べ立てて、女性の顔立ちにこだわるくせに、いざセックスとなったら、ほったらかしというのはおかしな話ですが、実際そうなのです。少し横道にそれますが、「女性のカラダは頭のてっぺんから足の先までが性感帯」という情報を目にした時、「なるほど！」と相槌を打ちながら、クリトリスを一所懸命舐めて、どうだオレは凄《すご》いだろうと自己陶酔する男性がいかに多いことか。〝全身が性感帯〟という極めて正しい情報を得ながら、それがまったく実践で役立っていないのは、「〇〇は感じるが、〇〇は感じない」といった、固定観念の呪縛から抜け出せていないからです。まさに〝顔〟は、男性が勝手に感じないと思い込んでいる場所でしょう。とんでもありません。顔は超高感度な性感帯です。それも、アダムタッチがとても有効な部位で、髪の毛の愛撫から連動して愛撫することで、微弱な刺激がいかに心地よいかということを女性のカラダに決定的に記憶させるには、もってこいの場所なのです。

特に、頬《ほお》の面、顎《あご》のライン、唇とその周辺は、高感度です。人差し指、中指、薬指のうち、二本を使って、優しくアダムタッチで愛撫してあげましょう。単に気持ちいいというだけではなく、男性から「愛されている」という実感が、ますます女性の興奮を高め、性感脳の感受性をアップさせていきます。

キスで始まる気の交流

何事も最初が肝心といいますが、セックスにおけるキスがまさにそれです。「セックスは性エネルギーの交流である」と書きましたが、男女の粘膜が最初に触れ合うキスという行為は、互いが持つ性エネルギーの、最初の出会いなのです。けれども、現状はどうでしょうか？　短絡的で拙速な快楽の追求だけが目的になってしまったジャンクセックスは、明らかにセックスの価値観の下落を意味していますが、そのことは、現代のカップルたちがキスを疎《おろそ》かにしていることにも大きな原因があります。ご自分のセックスを思い返してみてください。本来ならば、気持ちいいセックスをするためにとても重要な意味と役割を持つキスが、セックスを始める前の、単なるルーティーン（儀礼的行為）に成り下がってはいないでしょうか？　受講生に性技指導をしていて感じるのは、テクニックのことしか頭にない男性が非常に多いということです。アダムタッチ一つとってもそうです。「指先の絶妙な刺激と、指先から出ている性エネルギーが相乗効果を生むのですよ」と、企業秘密のごとく重要なことを教えているにもかかわらず、指の動かし方ばかりに夢中になって、肝心の性エネルギー（気）のことは、文字通り気もそぞろ。〝気〟というと、不可解で複雑怪奇な世界と思われがちですが、一般の方が思うほど難しいことではありません。気は、「気持ち」や「思い」と連動しています。ですから、目の前の女性に対して、「愛情を込めて」してあげるという気持ちがあればいいのです。活字にしてしまえば、中学生でも理解できることです。

目に見えないというだけで、「自分にはできるはずがない」と、自分を過小評価することはまったくありません。あなたご自身が必ず持っている気のパワーを信じてください。気の存在を信じて、目には見えないけれども必ず発している気を意識することが、気のパワーを増幅させ、あなたとセックスする女性の性感脳を活性化させていくことに直結するのです。

キスに話を戻します。女性を深い官能と激しい絶頂に導き、互いの性欲や肉欲が爆発するようなセックスがしたいのなら、キスを大切にしてください。底値まで下がってしまっているキスの株価を上げる努力と工夫をしてください。そのための重要なヒントを与えます。それは、自分の唇を相手の唇に合わせたとき、その唇の柔らかさを感動と悦びをもって脳髄《のうずい》の奥で感じ取ることです。少し観念的な表現になりますが、理想的なキスとは、「深い感性で楽しむキス」です。感性を豊かにすることが、女性から「キスの上手な男」という評価を得られるようになる第一歩であり、先述した気のパワーを知らず知らずのうちに増大させます。

実践的なテクニック面で重要なポイントは、キスという行為を、「唇（舌）による、唇（舌）の愛撫」と捉えるということです。「強い刺激ほど感じる」というのが男性の誤解であると書きましたが、これと似たような理屈で、とにかく激しいディープキスをすれば女性も興奮するというのも、男性の勝手な思い込みです。女性のほうも高い興奮レベルに達していて、希望通りにあなたの舌に舌を絡めてくれればいいのですが、舌を挿入したものの、歯でブロックされたり、女性の舌のノリがいまいちだったりとか、逆に気まずいムードになってしまったりした経験はありませんか？　それは、女性が、特にセックスの導入部では、恋愛映画のワンシーンのような情緒的な美しさを求める生き物だからなのです。私が、深い感性が必要といったのは、このことも理由の一つです。ぶっちゃけてしまえば、男性は、ウソでもいいから、美しいセックスの始まりを演出しなければなりません。あなたとのキスが、たとえ一〇〇回目でも、女性は、初恋の相手とはじめて交わしたキスのような新鮮さを求めているのです。

超絶性感帯・アダムＧスポット

まず、〝Ｇスポット〟の場所の探し方からお教えしましょう。

１　女性が仰向けになって、男性が手のひらを上に向けて人差し指と中指をまっすぐに揃え、膣にゆっくりと挿入する。

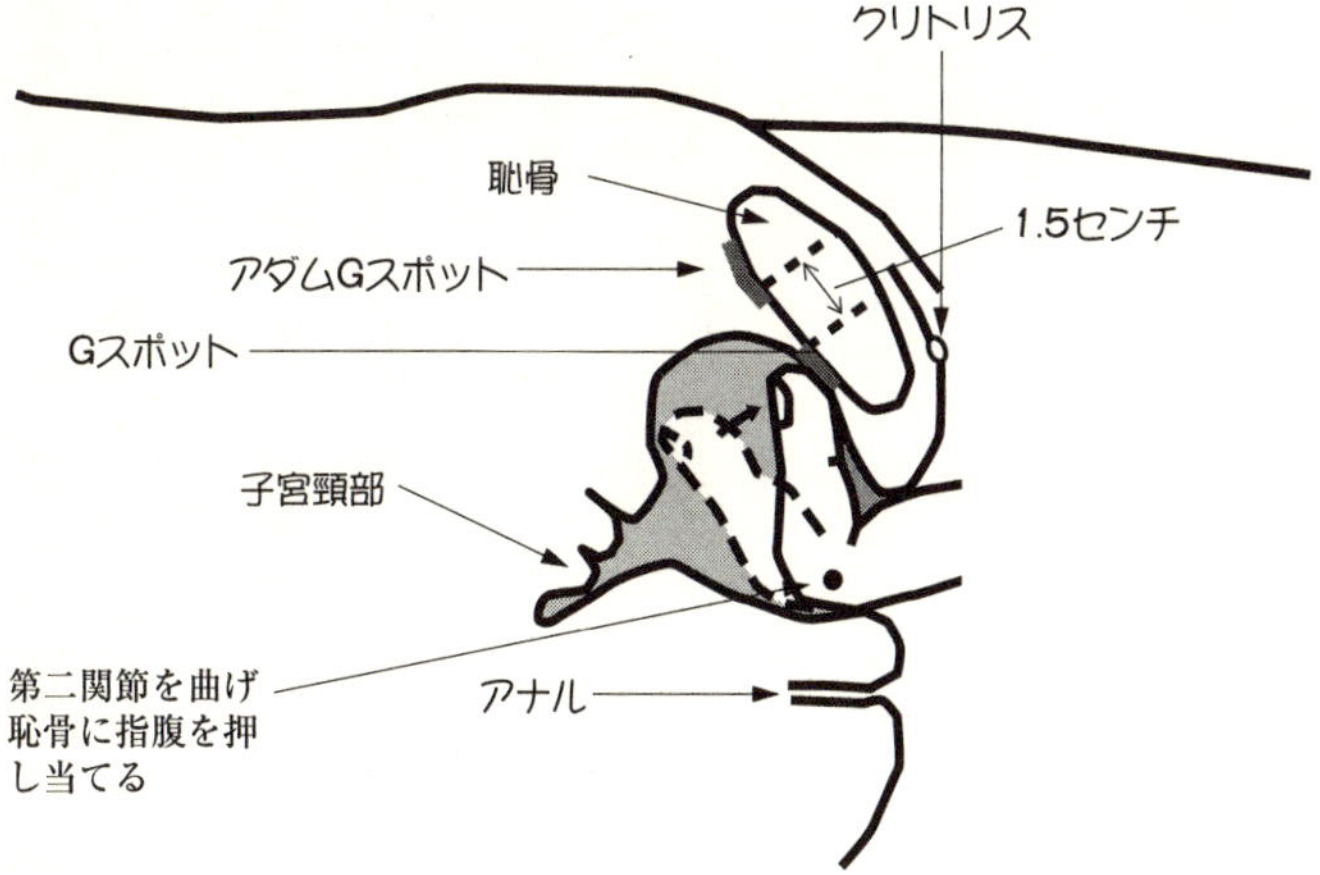

Gスポットの探し方

2　根本まで指を入れ、指の第二関節を曲げ、指腹を恥骨に押し当てる。

この時、指先が当たっている部分が、正しい〝Gスポット〟の位置です。恥骨方向に指を折り曲げなければGスポットには当たりません。ですから、巷《ちまた》であたかも本当のように書かれている、「ペニスでGスポットを突く体位」など、ありえません。直角に折れ曲がったペニスなら別かもしれませんが。同様に、「指をまっすぐに、三〜四センチ挿入して、ザラザラした部分」という表記も誤りです。

先述した、1と2の手順を踏めば、Gスポットは比較的簡単に探し当てることができます。ちなみに当スクールの男性受講生が、一回目のチャレンジで成功する確率は約七割。

問題は、愛撫方法。コツをつかむのに少し時間がかかります。受講生が一回目で正しい愛撫ができる確率は、五割以下といったところでしょうか。

では、説明します。挿入して折り曲げた二本の指の第二関節を支点にして、三〜四センチ幅で指先を前後に振幅させるのです。指の動きは、指を折り曲げて伸ばす、折り曲げて伸ばすの繰り返しになります。このように、Gスポットを指先（第一関節）の指腹で圧《お》してから離す、そしてまた圧して離すという「オンオフ運動」を小刻みに繰り返すことで、恥骨にバイブレーションを発生させます。この振動がGスポットにはもっとも有効的なのです。

ＡＶ男優の手の動きから、膣の中（膣壁）を指先でひっかくようなイメージを持たれている男性が多いのですが、まったくの誤りです。指先で掻き出す動きは、膣を傷つける恐れがあるので、絶対にしてはいけません。逆に、今説明した愛撫法は、同じポイントに指を当てて離すの繰り返しですから、どんなに高速に行っても膣壁を傷つける心配はまったくありません。指の動きが速ければ速いほど、バイブレーション効果が高まり、理想的な愛撫になるのです。これは、私が数多くの女性の協力を得て、実践の中で研究を重ねながら開発した愛撫法です。繰り返しになりますが、Gスポットとは、指を折り曲げて膣壁を恥骨に押し当て、恥骨ごと振動させてはじめて女性に快感を与えることが可能となる性感帯です。既存のセックス書から得た、役に立たない知識をすべて消去して、まっさらな頭の中に、今説明したGスポット愛撫法をインプットし直してください。

性感脳が開いた状態でこの愛撫法が正確に行われれば、女性は間違いなく絶叫してしまうでしょう。

さて、実は、ここからが本項の本題になります。というのも、私は、Gスポット愛撫の研究過程で、Gスポットをはるかに凌駕《りょうが》する性感帯を発見したのです。それが、従来のGスポットと区別するために、〝アダムGスポット〟と命名した、超絶性感帯です。

場所は、従来のGスポットの「一・五センチ奥」にあります。仰向けで寝た状態で、恥骨の一・五センチ上。具体的には、指の第二関節を折り曲げて当たる部分（ここが従来のGスポット）の、さらに一・五センチ奥まで指を侵入させて指腹が恥骨に当たる部分です。指は伸びた状態になります。愛撫法は、指のオン・オフ運動の支点が第二関節から第三関節（指のつけ根）に変わる以外は先ほどとまったく同じです。ただし、たった一・五センチ場所が変わるだけで、その攻撃力は軽く数倍を超えます。あまりの威力に、女性によっては快感にカラダが耐えられないケースもありますので、従来のGスポット愛撫で、女性のカラダを慣らしてから、その次のステップとしてお試しください。正確に愛撫を行えば、どんなにおしとやかな女性でも理性を保つことは不可能です。今までに見たこともないような女体の官能

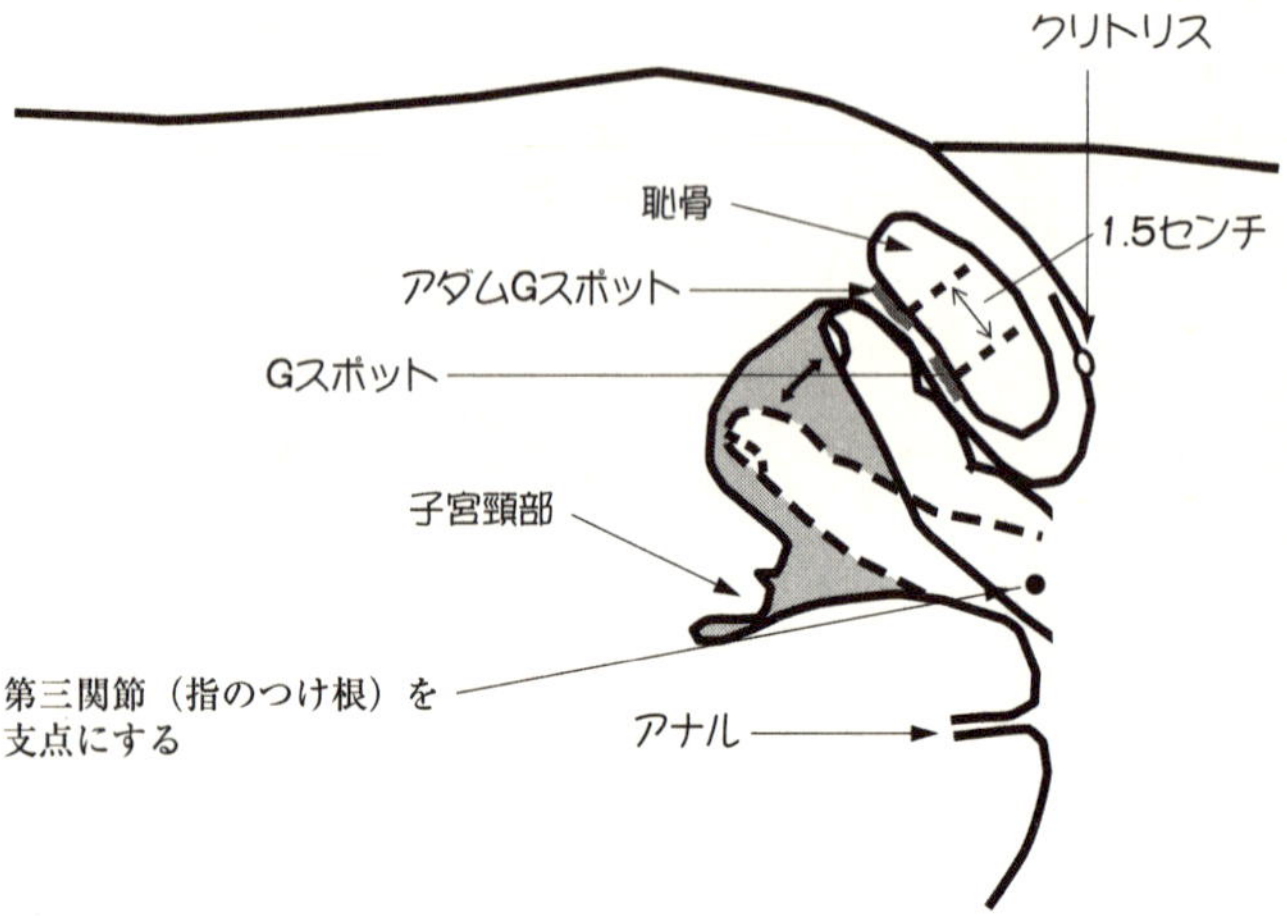

アダムGスポットの愛撫法

美と、今まで聞いたことのないような野獣のごとき絶叫を、お約束します。

驚異のTスポット

Tスポットは、私が発見した膣内の性感帯です。TスポットのTは、徳永のT。発見者のイニシャルに由来するGスポットに倣《なら》って、命名しました。

さっそく、性感帯の場所と愛撫法をご指南しましょう。

位置は、子宮と恥骨の間にある〝膣前壁〟と呼ばれる部分です。具体的には、女性を横向きに寝かせた体勢で、左足を九〇度に折り曲げます。指を恥骨と平行に滑らせながら膣の奥に挿入させ、指先が当たる膣壁部分がTスポットです。

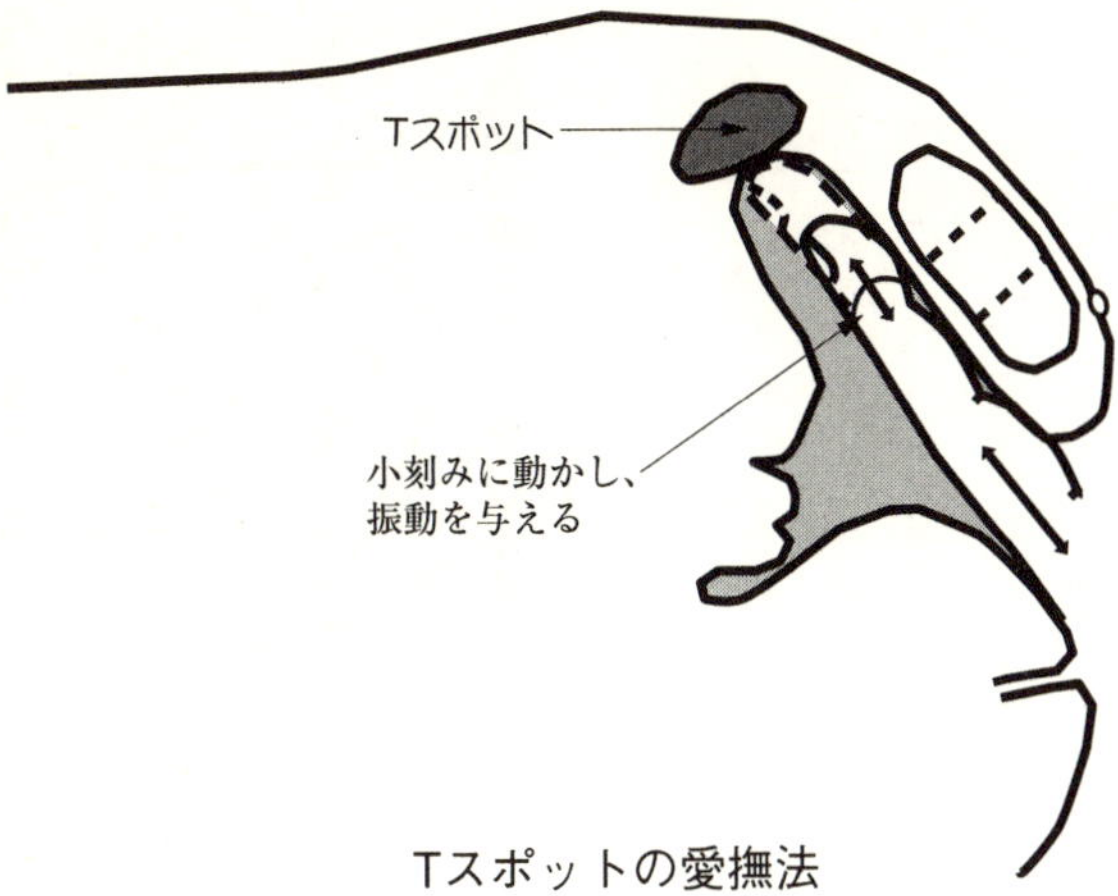

Tスポットの愛撫法

使用する指は人差し指と中指の二本。この二本を揃えてまっすぐに伸ばした形、いわゆるピストル型が、手の基本形となります。

愛撫の方法ですが、指を挿入したら、ピストル型の指、手の甲、前腕が一直線になっていることを確認して、指先をTスポットに押し当てたまま、膣壁を内側から外側（女性の腹部の方向）に向けて突くようなイメージで前後に動かして振動を発生させます。ピストン運動ではありません。スキンとスキンの摩擦ではなく、指先をTスポットに密着させたままで、指を超小刻みに動かして、振動を与えるのです。

GスポットとTスポットの快感度を安易に比較することはできませんが、「Gスポットよりも何倍も気持ちいい」という女性も少なくありません。ある女性の言葉を借りれば、「子宮から駆け上がった快感が脳天を突き抜けるような凄《すさ》まじい快感」だそうです。意識が飛ぶほどの究極のハンドテクニックです。

それほどの効果が期待できる愛撫法ですが、テクニックの難易度としては、GスポットやアダムGスポットよりも簡単です。ペニスのピストン運動とは違う、これ以上ない極限の快感があることを、愛する女性に教えてあげてください。

快感の震源地となるAスポット

GスポットもTスポットもそうでしたが、「膣内は振動が効く」という法則は、膣内にある性感帯すべてに共通するセックス理論です。

ここでは、振動による刺激を応用した、ペニスによる愛撫法をご紹介します。

愛撫するポイントは、私がアダムの頭文字をとって、〝Aスポット〟と命名した性感帯です。場所は、ペニスを挿入したとき、亀頭の先端に当たる部分です。実は、女性がこれまで「ペニスが子宮に当たる」と表現してきたのは、子宮でも子宮口でもなく、このAスポットだったのです。今までは誰もそこが性感帯であるという認識がなかったため、的確な愛撫がなされてこなかっただけなのです。それは無知と同じことです。知識と認識がいかにセックスにおいて重要であるかを物語っています。

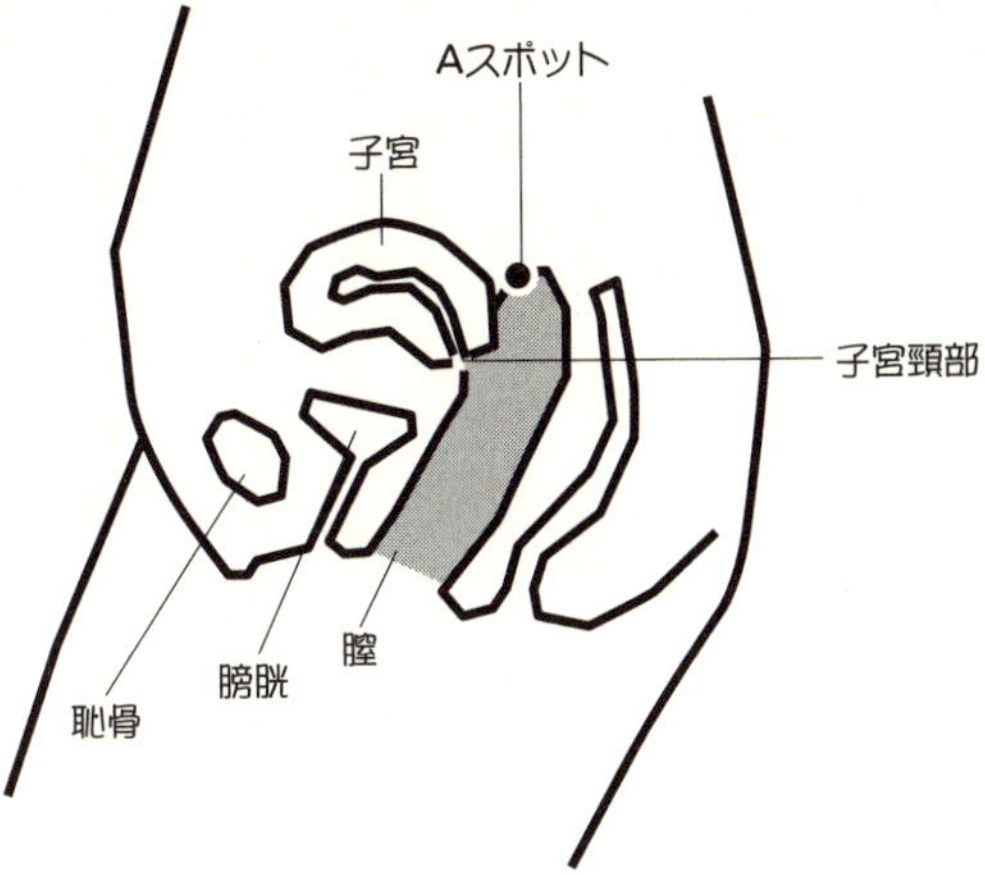

Aスポットの位置

〝Aスポット〟がまさにそうで、難しいテクニックは一切ありません。「Aスポットが性感帯であり、その性感帯には振動がもっとも効果的である」という知識があれば誰でも女性を気持ちよくしてあげることができるのです。

では、愛撫法を説明しましょう。

ペニスを根本まで深々と挿入すれば、ペニスの先端は自動的にAスポットに当たります。そのままの体勢で、つまり女性と男性の下腹部を密着させたまま、ペニスでAスポットに圧迫を加えます。そして、可能な限り腰を小刻みに動かし、振動をペニスの先端からAスポットに与えるのです。注意すべきは、抜き差しによるピストン（摩擦）ではなくバイブレーションということだけです。Aスポットは、〝快感の震源地〟とでも呼ぶ高感度なツボで、的確な振動によって爆発的なインパクトが期待できます。実際に、「膣ではイッたことがない」という女性を、私は何人も絶頂に導いてきました。ピストン運動、つまりスキンとスキンの摩擦ではないので、少々早漏気味の男性でも思う存分に腰を動かすことができます。長い時間愛し合うためにも、合理的な愛撫法です。

タブーを解禁することで信頼が深まる

セックスを楽しむための必須条件は、いうまでもないことですが自己解放です。男女がお互いにありのままの自分を曝《さら》け出し、隠し事のない破廉恥《はれんち》な世界観を構築していくことで、セックスは本来の自由を取り戻していくのです。しかし現実では、女性の羞恥《しゅうち》心とセックスのタブーが自己解放の障害として男性の前に大きく立ちはだかっています。男性は、女性の羞恥心を克服し、セックスのタブーを解除しなければなりません。この作業は、口でいうほど容易なことではありません。あなたのチャレンジに対して女性は、「男のアナタには、私の気持ちがわからないのよ」と、男女の性差を盾にした激しい抵抗をしてくるからです。けれども臆することはありません。男性と女性が、羞恥心とタブーを等しく共有できる、ただ一つの性感帯があるのです。それが、アナル（肛門）です。

大便を排出するアナルは、女性にとって「一番見られたくない」禁忌《きんき》の場所です。女性だけでなく、男性の羞恥度もタブー感も並大抵ではないでしょう。しかし、だからこそ裏を返せば、〝アナルの解禁〟が、自己解放の最善最速の近道になりえるのです。アナルの攻略は、何もタブーの解除のためだけではありません。一般にはあまり知られていないことですが、実はアナルは女性の乳首よりも高感度な性感帯なのです。セックスの醍醐味《だいごみ》を増やすためにも、ぜひとも発掘すべきお宝なのです。

そもそも、〝変態〟とか〝非常識〟といったネガティブな日本語の印象がよくありません。貪欲に快感を貪《むさぼ》り合うのがセックス。愛する男女の極私的空間に、〝変態〟も〝非常識〟もないという考え方こそ、スローセックスの常識です。アナルへの愛撫は、互いの絆《きずな》をより強くするための、楽しい「イベント」だと頭を切り替えてください。お互いにアナルを舐め合って、その独特の快感を共有できる関係を作れると、セックスはドラスティックに変化します。それまでの羞恥心やタブーが、逆に興奮材料として快感を増大させるのです。

女性をその気にさせるための第一歩は、まず男性であるあなたのほうからアナルを女性に舐めてもらうことです。フェラチオの途中がその好機。恥ずかしがらずに、「お尻の穴も舐めてほしい」と、ストレートに告白しましょう。ほとんどの女性は素直に受け入れてくれます。あなた自身のカラダで、女性にアナルがいかに高感度な性感帯であるかをプレゼンテーションすることで、女性の羞恥心は徐々に緩和されていきます。そして、クンニリングスの時に、彼女の反応を確かめつつ、最初は極力優しい舌のタッチでアナルを愛撫しましょう。この正しくも紳士的な手順を踏んでも、拒絶反応を示す女性もいます。その場合は、「あ、ごめん、間違えた」と、お茶目な感じで速やかに中断しましょう。女性の嫌がることを強制してはいけません。けれども、繰り返しますが、アナルは乳首よりも気持ちいい性感帯なのです。新しい官能の扉を開いてあげるためには、あなたの粘り強さが必要です。

アナル舐めができるようになったら、今度はさらに深い世界にステップアップしていきましょう。それが、指による〝アナル内部への愛撫〟です。

この性技を行ううえで、必ず用意していただきたいのは、指サック（※薬局で市販されています）と、マッサージ用オイル（ザ・ボディショップ等で市販されています）です。指サックには衛生上の理由もありますが、安心感を与える効果もあります。体勢は、仰向けになって脚をM字に立てるか、四つん這《ば》いが適しています。

指の挿入は中指で行います。指サックを装着した中指とアナル周辺をオイルでタップリ濡らし、挿入の前段階として指腹でアナルをクルクルと優しく撫でましょう。ある程度慣れてきて、アナルの入り口が柔らかくなってきたら、ゆっくりと中指を第一関節まで挿入します。第一関節まで入ったら、ゆっくりと引き抜きます。この前後運動を焦らず何度も繰り返します。そして頃合を見計らって次は第二関節まで。そしてまた同じ前後運動を繰り返します。アナルは傷つきやすい場所なので、くれぐれもゆっくりとした優しいピストンを心掛けてください。また第二関節以上挿入しても効果は変わりませんので、安全のためにも第二関節までに留めてください。

指入れに成功したら、第二ステップとしてバイブレーション愛撫を導入してください。挿入した指を出し入れするのではなく、ポイントをキープしたまま指を上下左右に動かします。子宮を中心としたマスオーガズム帯全域に振動の刺激を波及することで、いっそう女性を官能させることが可能になります。

また、中指でアナルを愛撫しながら、親指の指腹でクリトリスを同時に責めるという複合愛撫も効果的です。女性の快感が倍加する上級技ですので、ぜひお試しください。

とっておきの裏技を二つ紹介しましょう。

まず一つ目。指をまっすぐに挿入すると指先にコリッとした硬いモノが当たります。これは子宮頸部《けいぶ》です。小鳥がついばむようなイメージで指先で小刻みに振動を与えてください。

二つ目は、アナル内からのGスポット愛撫法。目一杯に指を挿入して、指を恥骨側に折り曲げて当たった場所がGスポットです。ここに振動を与えれば、アナルとGスポットの〝ダブルの快感〟に、絶叫必至となるスペシャル技です。

タブーを克服して、限定解除された官能ゾーンを探訪してください。

交接のスタートは対面上体立位から

一般的なセックスでは、ほとんどの場合、交接（挿入）のスタートの体位が正常位になっています。しかし、第一章で説明したとおり、正常位は、一般的な持続力の男性をも早漏化させてしまう〝射精位〟なのです。挿入を正常位から始めることに、誰も何の疑問を持つこともなく、普通で当たり前になってしまっていることが大間違いです。今のセックスの常識は、概《おおむ》ね非常識だと考えて間違いありません。

長持ちさせることだけを考えるなら、興奮を抑制してリラックスさせる副交感神経が優位に立つように、男性が仰向けになれる体位がいいのですが、セックスのスタートが女性上位というのも、ちょっと非現実的ですよね。そこで、私が最初の体位としておすすめするのが、〝対面上体立位〟です。はじめて聞く体位ですよね。それもそのはず。この体位の名称が今までなかったので私が命名しました。といっても、難しい体位ではありません。〝対面上体立位〟とは、いわゆる一般的な正常位で、男性が上体をベッドに対して垂直に起こしたバージョンです。たったこれだけの変化で、ペニスの状態がガラリと変わります。男性の上体が垂直になることで、興奮を促す交感神経と、興奮を抑制する副交感神経が、ちょうどニュートラルな状態となるのです。ですから、ペニスの持久力に自信のない男性でも、過度な興奮が抑えられて、射精のタイミングをある程度コントロールできるようになります。実際に試していただければ、私が今説明したことがすぐに実感できるはずです。また、腰を動かしづらい体勢になるため、下半身の暴走を食い止めることもできるのです。気持ちにゆとりが持てるようになると、セックスが変わります。〝自信〟は、男力をアップさせる一番の薬になるのです。

座位こそが本当の正常位

何よりも男性から愛されている実感をほしがる女性は、男性と肌を密着させることを望みます。セックスで興奮すればするほど、気持ちよければ気持ちいいほど、女性は男性にしがみついてくるという習性があるのです。女性に抱きついてこられたら、せっかく対面上体立位で始めても、上体を前傾させるしかなくなって、普通の正常位に、つまり射精位に逆戻りです。これでは元の木阿弥《もくあみ》。でもどうぞご安心を。誰もがよく知っている体位の中に、少しでも長持ちさせたい男性の事情と、肌と肌を密着させて愛を実感したい女性の、双方の希望を叶《かな》えられるすばらしい体位があるのです。それが〝座位〟です。

男性の上体が起きているためにリラックスして興奮が抑制され、また腰を大きく動かせないので男性がイキにくく、抱き合えるので一体感も味わえますし、お互いにカラダを支え合っていますから、疲れにくいというメリットもあります。また、顔が近い距離で向き合っているので、キスや会話も存分に楽しむことができます。あらゆる観点から、スローセックスを楽しむうえでの理想的な体位なのです。

ちなみに、インドの性経典『カーマスートラ』では、座位のことを正常位と呼び、もっともスタンダードな体位という位置づけをしています。長い時間をかけて愛し合うという土壌があるインドと、なかった日本との性文化の違いは、こんなことからも窺《うかが》い知ることができます。

早漏の根本的な解決は、ある程度以上の期間と忍耐力を要求しますが、こうした各体位の特性を知ることで、スローセックス最大の醍醐味である長時間交接も可能になるのです。今までは挿入から射精までの時間が短すぎて、私のいう「性エネルギーの交流」を実感したことがなかった男性の皆さんは、ぜひともメインの体位を正常位から座位にチェンジして、性エネルギーの交流を体感してみてください。

愛戯三〇分なら交接三〇分

スローセックスの基本原則は、「時間を忘れて楽しむ」ことです。挿入の〝前〟に行う愛撫を意味する〝前戯〟という言葉を〝愛戯〟に改称したのも、射精という、あたかもセックスがそれで終わりのような〝区切り〟をつけないことも、この原則に準じたメソッドです。時間（制限）という概念を取り払うことが、女性の心とカラダをリラックスさせて、性感脳のポテンシャルを最大限に引き出し、それがすなわち、快感や興奮の上限も取り払って、どこまでも淫《みだ》らで本当に人間のメスの真の姿を我々男性に見せてくれることへと繋がっていくのです。

現実的には時間の制約はあるでしょう。疲れたから早く寝たい、明日は朝イチの会議がある、子どもが起きてくるかもしれない……。時間に縛られる理由や事情はいくらでもあります。それでも、お互いが満足するまでいつまでもという、永遠に続く空間が広がっているような意識を持つことがとても大切なのです。

ですから、スローセックスのメソッドに時間を加味することは、実は不本意なのですが、本書を手にされた、スローセックス初心者のための〝目安〟として、あえて時間の話をしたいと思います。

それが、〝愛戯が三〇分なら交接は三〇分〟という目標値です。〝前戯一五分、挿入五分〟という男性の射精には十分でも、女性が官能することが不可能な、今のアベレージからまずは脱出してください。愛戯三〇分には、キスやフェラチオなどの女性からの愛撫は含みません。あくまでも男性がアダムタッチなどで女性を愛撫して女性の性感脳を開花させ、性感ルートを開くために最低限必要な時間です。最初は、スローセックス初心者の男性には、長く感じられるでしょう。けれども、伝授したアダムタッチを正しくマスターすれば、女性は今まであなたに見せたことのないような、それはもうエロティックな官能美を披露《ひろう》してくれます。三〇分などあっという間だということが、すぐわかるようになります。交接三〇分も、基本体位は対面上体立位と座位であるという認識と、激しく腰を動かすだけがセックスではないことを知れば、多少早漏気味の男性でもクリアできる数字でしょう。

〝愛戯が三〇分、交接は三〇分〟の第一目標が、短く感じられるようになったら、初級コースは卒業です。今度は〝愛戯一時間、交接は∞（無限大）〟を目指してください。

本当のスローセックスは、ここから始まります。

セックスの価値観を変える〝長時間交接〟

これまでに何度も書いてきましたが、セックスの本質は、〝性エネルギーの交流〟にあります。男性と女性がそれぞれに持っている性エネルギーを、互いのカラダの中で循環させることで、性エネルギーの総和が増大していきます。それに伴い、女性の性感脳はさらに熟成されてますます感じやすい体質へと進化していくことで、性エネルギー増幅のスピードを関数曲線的に上昇させるのです。

セックスにおいて、もっとも性エネルギーの交流が促進される行為は何か？　それが交接（挿入）です。手を握り合うだけでも、キスをするだけでも、性エネルギーの交流は始まっていますが、まさに「プラグをソケットに差し込んだ状態」である交接が、もっとも効率的で合理的な、性エネルギーの交流方法であることは、今さら説明するまでもないでしょう。〝通電〟している時間が長ければ長いほど、性エネルギーの総和が大きくなることは自明です。

本項では、スローセックス最大の醍醐味であり、セックスを単なるスキンとスキンの摩擦としか捉えていない男性には絶対に到達できない官能レベルを現実のものとする、「長時間交接」についてレクチャーします。

私のセックスでの挿入時間は、平均二時間以上です。この話を、一般女性にすると、「えー、長すぎ～、疲れる～」というリアクションが返ってきます。挿入するなり男性がガンガンと腰を振りたて、わずか五分程度で終了するジャンクセックスしか経験のない女性は、私が二時間ずっと激しいピストン運動をしていると思うんですね。そうだとすれば、それは私でも疲れます。女性だってアソコがヒリヒリと痛くなってしまうでしょう。私は何も二時間ずっと腰を振り続けているわけではありません。私も私のパートナーも、ピストン運動の摩擦による快感だけではなく、同時に性エネルギーの交流による官能を楽しんでいるのです。

今、「私のパートナーも」と書きましたが、ここがとても重要です。男性自身が、性エネルギーの存在を知り、性エネルギーの交流を強く意識してセックスに臨《のぞ》むことが大前提となりますが、パートナーである女性にその意識がなければ、それは恋愛における片思いと同じで、効率的な気の交流は叶いません。女性も性エネルギーの交流を楽しむという意識を持つこと。両思いの関係になってこそ、長時間交接は、「長い〜、疲れる〜」から、「いつまでも繋がっていたい！」に変わるのです。

実際、理想的なスローセックスにおいて「疲労」は存在しません。交接を続ければ続けるほど、性エネルギーの総和が増幅されるのですから、疲れるどころか、どんどんエネルギッシュになり、お互いに快感を貪り合うことに集中していきます。

このセックスに対する意識改革をスムーズに行うためには、挿入後のテクニックも重要です。男性自身が気持ちよくなることを主眼においてきたこれまでの挿入から、「ペニスによる膣への愛撫」という意識にシフトチェンジしてください。これだけでも、あなたの腰使いは一変するはずです。今までのセックスの間違いは、男性も女性も、早く射精したい、早くオーガズムがほしいと、強い刺激だけに重点を置いてきたことです。たゆたうような気持ちと動きの中で、時間を気にせずに「淡い快感を楽しむ」ことで、互いの性エネルギーの総和は臨界点にまで増幅され、果たして〝爆発現象〟と呼ぶに相応しい、強烈な射精と絶頂を手にすることができるのです。

しかし、女性の側に「性エネルギーの交流」という意識がなければ、性感脳が十分に開花されませんから、淡い快感を「弱い快感」「つまらない刺激」としか受け止められないのです。本書を読んだあなただけがその気になっても、女性の理解が足りなければ、セックスはシラけてしまうでしょう。女性もまた、男性と同じく、蔓延《まんえん》するジャンクセックスの影響をモロに受けている不幸な事実を知らなければなりません。ですから、男性であるあなたが、本書で得た正しいセックスの知識を女性に伝えなければならないのです。「男性がリードする」とは、こうした性コミュニケーションも含むのです。

スローセックスに後戯は不要

ものの本によれば、「後戯は前戯よりも大切」だそうです。しかし、申し訳ありませんが、私はこれまで一度も〝後戯〟という行為をしたことがありません。というよりも、できないといったほうが正確でしょうか。前項でも書きましたが、スローセックスの最後に待っているのは〝超大爆発〟です。アダムタッチを主体とした入念な愛戯と、一時間以上の交接によって、臨界点にまで膨《ふく》らんだ互いの性エネルギーを、最後の最後にいっきにスパークさせるのです。一般の男性でも、たまたま、そこそこ満足のいくセックスをした後に、〝心地よい脱力感〞を経験されたことはあると思いますが、スローセックスのフィニッシュは、その比ではないのです。まさに燃え尽きた状態で、エネルギー残量はゼロ。男性も女性も、泥のような眠りに落ちてしまいます。これがスローセックスの常識です。

あたかも常識のようにいわれる後戯ですが、セックスを始める前から、後戯が予定に入っているということは、女性を十分に満足させられないということを、あらかじめ想定していることに他なりません。したり顔で、後戯の重要性を説く人は、テクニックやセックス論がいかにお粗末であるかを、自ら告白しているようなものでしょう。情けない話です。

論理・技術・トレーニングは三位一体

ここまで本書を読みすすめられたあなたは、これまで常識とされてきたセックスの知識が、いかに男性の勝手な思い込みや無知による、間違いだらけの情報であったかおわかりいただけたと思います。今、あなたの頭の中には、本当の性のメカニズムと、気持ちよくなるための正しいテクニックの知識が詰まっているはずです。正確な知識が頭にインプットされたことによる意識改革は、あなたのセックスを確実に進化させます。女性を絶頂に導く確率は、格段にアップしているでしょう。ここまでは保証します。

しかし、今の段階ではまだまだ不十分です。やっとスローセックスのスタートラインに立ったというだけにすぎません。それはなぜか？　今のあなたは論理という知識を手にしただけで、肝心の技術をマスターしたわけではないからです。ここから先は、本書で手にした正しいセックス論をモチベーションにして、トレーニングに励み、確かな技術を獲得しなければなりません。

セックスにもトレーニングが必要なのです。この当たり前のことを、既存のセックス指南書は指摘してこなかったのです。

人間は幸福をつかむために努力をします。いい大学に合格したければ一所懸命に勉強をするし、スポーツが上手になりたければ練習に精を出します。仕事でも趣味でも、他人より上に行きたいと思えば、トレーニングに費やす時間を長くしたり、お金を掛けたり、効率よくなるようにやり方を工夫したりします。これは誰もが経験則として知っていることであり、やっていることです。それなのに、とても不思議なことですが、セックスになった途端、なぜか〝トレーニングをする〟という思考回路が機能停止してしまうのです。

プロ野球選手を見てください。プロで活躍するくらいですから、生来才能に恵まれていたことは事実でしょうが、そんな彼らでも、現在の力を維持するために、またはさらに伸ばすために、トレーニングを怠らないのです。ランニングをして汗を流し、何千回何万回と素振りをし、キャッチボールを繰り返して、徹底して基本をカラダに叩き込みます。それはイチローのような超一流アスリートでも同じことです。たゆまない日常の修練が、超一流たる基盤にあることは、意見を待たないはずです。

テクニック上達において、もっとも重要なことは、基本をマスターすることにあります。スローセックスの根幹を支える〝アダムタッチ〟は、とてもシンプルなテクニックです。ですから、表面的な形や動きだけは、誰でもすぐにマネすることができるでしょう。けれども、女性の性メカニズムにフィットした、絶妙なタッチ圧や、指を動かす速度には、針の穴をも通すような厳格な正確さと持続力が求められるのです。シンプルだからこそ、逆にその真髄に迫るには難しいといえるかもしれません。その他に紹介したテクニックも同じです。技術を頭で覚えるだけではダメなのです。

今現在のあなたは、頭でっかちな子どもとなんら変わらぬ存在であることを、素直に自覚しなければなりません。頭ではなく、指先が覚えるまで、何度でも繰り返しトレーニングして、基礎をみっちり叩き込んでください。実践はすべて応用問題です。トレーニング不足で基礎が揺らいでしまうようなテクニックは、リアルセックスでは何の役にも立たないのです。論理・技術・トレーニングは三位一体であることを肝に銘じましょう。

ただし、セックスのトレーニングは野球の素振りのように過酷な修練ではありません。だって、トレーニングパートナー兼コーチ役は、あなたの大好きな女性なのですから。楽しみながら、テクニシャンへの道を歩んでください。

あとがき

本書を手にされた男性の中には、私の高所な物言いに、不快な思いをされた方がいらしたことと思います。私はこの本を書くにあたり、二〇代の若者には父親のような思いで、中年の男性には兄貴のような気持ちで執筆しました。叱咤激励する気持ちを込めたために、厳しい口調になってしまいました。しかしこの思いの根底には、あなたもまた女性を心から愛する素敵な男性になってもらいたいという願い・期待・愛情があったことをご理解ください。

これであなたの頭の中には、セックスを楽しむための基本的な知識がすべてインプットされました。今すぐにでも、愛する女性のために本書で覚えたテクニックを試してみたいと思われていることでしょう。私も、ぜひそうされることをおすすめします。

それでは、スローセックスの初陣《ういじん》を間近に控えたあなたに、私から最後のアドバイスをいたします。それは、物理的なテクニックだけに依存しないでくださいということです。当たり前のことですが、人間は脳でセックスをします。感じるのは皮膚ではなく脳です。すなわち、女性の脳、それは心といい換えてもいいのですが、いかなるテクニックを総動員しようとも、女性が心を閉ざしたままの状態では、そのテクニックが本来の威力を発揮することはありません。世の中のすべての男性のセックスの先生でありたいと思うこの私をして、女性とセックスする時にもっとも気を使わせることは、いかにテクニックを駆使するかではなく、いかにその女性の緊張を解《ほぐ》し、リラックスさせ、私を受け入れる心の準備をしてもらうか、なのです。

私は実践では何の役にも立たない精神論を振りかざしているのではありません。たとえば、アダムテクニックの根幹を成す愛撫法の〝アダムタッチ〟は、女性を感じさせるだけではなく、女性の脳を活性化させて女性を〝感じやすい体質に変える〟という特性を有しています。

アダムタッチは、カラダと脳の両方に働きかける愛撫法です。彼女を愛撫する時のもっとも大切なポイントは、超ソフトな優しいタッチ圧ですが、この〝優しい〟とは単にテクニカルな力加減だけを指すものではありません。「女をイカせたい！」という男のエゴではなく、「女性を気持ちよくさせてあげたい」という優しい〝気持ち〟が、あなたの指を魔法の指に変えるのです。

この気持ちや感情が、本書であなたがはじめて知ることとなった〝性エネルギー（気）〟の源流です。男性の多くは、〝気〟に対して馴染《なじ》みがないかもしれません。しかし、あなたが気についての知識があろうがなかろうが、気の存在を信じようが信じまいが、地球上のすべてのセックスに性エネルギーは密接に関与しています。セックスの本質とは、男女間での性エネルギーの交流であり、あえて平易ない方をすれば、セックスによって造成される性エネルギーが多いか少ないかが、気持ちいいか気持ちよくないかの差なのです。この性エネルギーを意識的にコントロールするためには、女性の脳とカラダにマッチした正しい知識と技術が不可欠なのはいうまでもありません。精神論ではなく、非常にテクニカルな愛の技術が存在するのです。

これまでほとんどの男性は、女性の顔やカラダばかりに気をとられて、本当は一番肝心な女性の〝心〟を見ていませんでした。それが、知ってしまえばセックスの原理原則である、性エネルギーという概念から、世の男性たちを遠ざけていたのです。

テクニックだけを表面的になぞっても、セックスのスキルアップには繋《つな》がりません。同様に、愛だけでも気持ちいいセックスはできません。精神的なアプローチと物理的なテクニックが渾然《こんぜん》一体となって、はじめてテクニックはその真価を発揮するのです。

本書で紹介したテクニックの特筆すべき点は、その汎用《はんよう》性の高さです。女性の性感を司《つかさど》る脳に物理的刺激と性エネルギーのパワーを供給していくことで、女性の体質そのものを〝感じやすいカラダ〟に変化させますから、女性の年齢やセックス経験、また現時点での性感帯開発度に関係なく、すべての女性に通用するのです。

つまり、もしも本書のテクニックを実践しても効果が見られなかったとすれば、それは本書の内容が間違っているのでもなければ、彼女や奥様が生まれつき感度が悪いためでもありません。あなたのテクニックがまだ未熟か、正しいセックス理論の認識が中途半端なせいです。うまくいかない時はまず、ご自分のテクニックを疑ってください。しかし、ダメだからといって諦《あきら》める必要などありません。どのような習い事でも、一朝一夕《いっちょういっせき》にマスターできることなどありえないのです。

謙虚な気持ちと、女性に対する優しさを忘れずに、実践の中で楽しみながらテクニックを洗練していけば、必ずや女性を本当の絶頂に導くことができます。

健闘を祈ります。

アダム徳永

当スクールの詳細をお知りになりたい方は、
「セックススクールａｄａｍ」へお問い合わせください。

ホームページ　http://www.adam-tokunaga.com/

アダム徳永

1954年、岐阜県に生まれる。1985年に渡米、1988年、ロサンゼルスにてマッサージテクニシャンの資格を取得。マッサージを施すうちに、女性の体には計り知れない深い性感帯があることに気づき、性感帯開発の研究を始める。1991年、M&Wオーガズム研究所を創設。最高のエクスタシーが得られる新技法・アダム性理論を確立。2004年、世界にも類をみない『セックススクールadam』を設立。男女の幸せをサポートすべく、アダム性理論とスローセックスの啓蒙活動に従事。

著書には『性感マッサージ愛撫の本』『オーガズムマッサージ』(以上、データハウス)、『TRUE LOVE――スローセックスのすすめ』(WAVE出版)、『Perfect　Lovers』(大和出版)などがある。

●『セックススクールadam』では、さまざまな性の悩みに対応したセックスカウンセリングをはじめ、性技指導などを行っています。
http://www.adam-tokunaga.com/

講談社+α《プラスアルファ》新書　319-1 B

スローセックス実践《じつせん》入門《にゅうもん》
真実の愛を育むために
アダム徳永《とくなが》

2006年10月20日第1刷発行
2007年 2 月 7 日第9刷発行

発行者――――― **野間佐和子**
発行所――――― **株式会社 講談社**
東京都文京区音羽2-12-21 〒112-8001
電話 出版部(03)5395-3529
販売部(03)5395-5817
業務部(03)5395-3615

カバー写真――― **デジタルアーカイブ・ジャパン株式会社**
デザイン――― **鈴木成一デザイン室**
本文組版――― **朝日メディアインターナショナル株式会社**
カバー印刷――― **共同印刷株式会社**
印刷――― **慶昌堂印刷株式会社**
製本――― **株式会社若林製本工場**

落丁本・乱丁本は購入書店名を明記のうえ、小社業務部あてにお送りください。

送料は小社負担にてお取り替えします。

なお、この本の内容についてのお問い合わせは生活文化第二出版部あてにお願いいたします。

Printed in Japan ISBN4-06-272401-4　定価はカバーに表示してあります。

講談社＋α新書

最強のコーチング
清宮克幸
ビジネスマン必読！　早稲田ラグビーを無敵にした指導力の秘密。五年間の改革の集大成を！
800円 293-1 C

やわらか頭「江戸脳」をつくる和算ドリル
高橋　誠
金谷俊秀
江戸時代の大ベストセラー『塵劫記《じんこうき》』から、パズルと〇〇算と江戸雑学で脳力フィットネス!!
838円 294-1 A

ブログ進化論　なぜ人は日記を晒《さら》すのか
岡部敬史
開設者700万人目前。なぜ人気？　なぜ無料？そろそろ知らないとヤバイ、傍観者必読の一冊！
800円 295-1 C

古代遺跡をめぐる18の旅
関　裕二
遺跡のちょっとした知識があれば旅の楽しみは倍加！　歴史作家が案内する特選古代史の旅
800円 296-1 C

「死の宣告」からの生還　実録・がんサバイバー
岡本　裕
余命わずかと告知されてからも逞しく生き続けるがん患者たちに学ぶ、本当に必要な治療法！
838円 297-1 B

日本人には思いつかない　**「居酒屋英語」発想法**
ジェフ・ギャリソン
松本　薫　編集
「エクスキューズ・ミー」なんかいらない！異色のガイジン教授が贈る「無礼講」英会話術
800円 298-1 C

バスで旅を創る！　路線・車両・絶景ポイントを徹底ガイド
加藤佳一
鉄道の終着駅から〝その先を歩く旅〟は、バスでしかできない醍醐味だ。私は「絶対バス主義」!!
838円 299-1 D

最後の幕閣　徳川家に伝わる47人の真実
徳川宗英
一家に一冊!!　お国自慢の士《サムライ》の本当の実績は!?幕府側の視点で、明治維新を徹底的に再検証!!
876円 300-1 C

マジ切れする人　逆切れする人　サドの意地悪、マゾのグチと共生するために
矢幡　洋
キレる人たちの〝心の闇〟――誰もが知りたい現代社会の謎を解く鍵は、サド・マゾにあった！
838円 301-1 A

突破する企業「大逆転」のシナリオ
津田倫男
脱「常識」が組織を復活させた！　J＆J、マリオット・ホテルなど16の事例で読む経営戦略論
800円 302-1 C

ヘタの横好き「鮎釣り」の上達法則　河原は本日も戦場なり！
矢幡弘一
サンデー釣り人の気持ちになった超指導書!!釣れない壁をつき破る納得の極意がギッシリ!!
800円 303-1 D

表示価格はすべて本体価格（税別）です。本体価格は変更することがあります

講談社+α新書

人間力の磨き方　鳥越俊太郎
ニュースの主役達はなぜ彼に心を開くのか？回り道が培った、けして焦らない腹の据え方！
800円 304-1 C

国家の大義 世界が賞賛したこの国のかたち　前野　徹
石原慎太郎氏、中西輝政氏が激賞する日本論！伝統と誇りを取り戻せば、日本は再び輝く!!
743円 305-1 C

図解 50歳からの頭がよくなる「体験的」勉強法　高島徹治
53歳から80余の資格試験に合格した体験的勉強法。誰でもすぐ真似できる目からウロコの極意
800円 306-1 C

世界遺産 いま明らかになる7つの謎　「探検ロマン世界遺産」取材班
水、女、食、権力、悲劇……。厳選二十四ヵ所の仰天トリビアを超人気番組スタッフが説く！
838円 307-1 C

最高の医療をうけるための患者学　上野直人
日野原重明氏推薦「米国一のがん専門病院で働く日本人医師の上手な医療の受け方の解説書」
800円 308-1 B

太平洋戦争 忘れじの戦跡を歩く　戦跡保存会 編
戦後六十余年が経っても歴史は風化せず!! 今こそ国内の激戦地を偲び、体験の重さを知る!!
838円 309-1 C

縮めて縮めて関節痛をなおす 自分でできる「関節ニュートラル整体」の極意　及川雅登
痛みの原因は誰も気づかない関節の「あそび」不足 30年の治療経験から考案した驚異の痛み解消法
800円 310-1 B

「てれんこ走り」健康法 実践・スポーツトレーナーの脂肪燃焼記録　比佐　仁
自らの生活習慣病を克服するために開発した、ゆっくり走って大汗をかく〝余分な脂肪〟燃焼法
800円 311-1 B

日本料理の真髄　阿部孤柳
世界一繊細な舌を持つ日本人よ、自国の料理に自信を持て！ 食の最高権威が今明かす真髄!!
838円 312-1 B

総理大臣の器　三反園　訓
小泉劇場のパフォーマンスにはもう飽きた!! 新しい役者、強烈なリーダーが今こそ欲しい!!
838円 313-1 C

あなたの知らない妻がいる 熟年離婚にあわないために　狭間惠三子
団塊世代の友達夫婦に、実は最も気持ちの「くい違い」がある。多くの実例とともに検証！
800円 314-1 C

表示価格はすべて本体価格（税別）です。本体価格は変更することがあります

講談社＋α新書

「勝ち馬」統計学 史上最高配当を当てた理論
宮田比呂志
GIの勝率7割、スポニチで大評判の大穴師！ 馬ではなく、「馬番」を見て買う必勝馬券術!!
800円 315-1 C

世界最速！「英語脳」の育て方 日本語からはじめる僕の英語独習法
中野健史
日本人の英語の悩みを一気に解消！ 頭脳に英語がみるみる染みこんでくる速効上達勉強法!!
800円 316-1 C

あなたの「言い分」はなぜ通らないか
中島孝志
一生懸命話しても通じないのはワケがある。独りよがりな正しさに酔う困った隣人への対処術
800円 317-1 C

日本一おいしい米の秘密
大坪研一＋食味研究会
安い米だって味は決して負けてはいない!! お米博士が科学的に解明した人気米の美味の謎!!
800円 318-1 B

スローセックス実践入門 真実の愛を育むために
アダム徳永
人気セラピストが贈る、本当の愛と性。画期的アダム理論で至福と悦びに満ちた最高の人生を
800円 319-1 B

いま始める クラシック通への10の扉
山本一太
交響曲からオペラまで、オムニバス盤CDを卒業した人のための初級の知識でわかる中級講座
876円 320-1 D

スーパー鉄道模型 わが生涯道楽
原信太郎
夢の鉄道模型王国、シャングリラ鉄道を自宅と敷地内に設立!! 世界一のコレクターの世界!!
838円 321-1 D

人はなぜ危険に近づくのか
広瀬弘忠
災害心理学の第一人者が詳細分析！ 命の危険もいとわない自発的リスクを選ぶ人間の「特性」
800円 322-1 A

「準」ひきこ森《もり》 人はなぜ孤立してしまうのか？
樋口康彦
孤独すぎる。周囲が気づいた時はもう遅い！ ネット騒然のコミュニケーション不全新理論！
743円 323-1 A

表示価格はすべて本体価格（税別）です。本体価格は変更することがあります